BEAT Boredom
Engaging Tuned-Out Teenagers

退屈な授業をぶっ飛ばせ！

学びに熱中する教室

マーサ・ラッシュ
長崎政浩・吉田新一郎 訳

新評論

まえがき——学びに熱中する教室

一九九三年、アメリカ・カンザス州の地元紙〈ウィチタ・イーグル（The Wichita Eagle）〉からの業務で、教育実習生として学校で教えはじめたとき、私が目指したのは、学校で起きていることをありのままに伝えるよい教育記者になることだった。そのときは、本当に高校教師になり、その後、二五年近くも教職に留まることになるとは夢にも思わなかった。

私は、教育実習の記録をジャーナル（日誌ないし雑記帳）に残していた。翌年、それが「私の学んだこと——教育実習生の物語」というタイトルで同紙に掲載された。当時のジャーナルを読み返してみると、少し気恥ずかしさを覚えてしまう。教員の一員として実に多くのことを学んだ。素晴らしい同僚たちと握手を交わしながら、中学校八週間、高校八週間の経験から、よい教師とは何かということについて、私なりに分かったつもりにもなっていた。

ジャーナルを読み返したことがとても役に立った。新米教師になったときの気持ちを思い起こさせてくれたからだ。心配事やうれしかったこと、私が生徒に求めたこと、よかったこと、耐えられないほどひどかったことなど、さまざまな思いが記されてあった。クリエイティブな授業づくりに格闘していたこと、権威の側に立ったときの驚き、ディスカションを進めようとして失敗したときのこと、生徒が学ぶ意義を見いだしたときの喜び、専門的な話ができたときに感じた優越感などもある。

ジャーナルの一部を引用しておこう。

一九九三年八月二三日

私は、数えきれないほどの本と論文を読んだ。テスト論から座席配置に関するものまで、私の創造力を刺激するものをすべて読んだ。しかし、いきなり教室に飛び込んで、クリエイティブになれるものだろうか？　ほかの多くの人と同じように、私は伝統的な公立学校に通った。そこでは、教師が教え、生徒は宿題をして、テストを受ける。これまで経験したことや学んだことのすべてを寄せ集めても、自分が受けた授業方法以外に見つけることはできなかった。一体、私はどんな教師になるのか、皆目見当もつかない。

一九九三年八月二七日

自分が教師らしい教師であると、実感することはないと思っていた。しかし、実際に生徒に会って接してみると、自分のなかに「権威的」な何かが湧き上がってきたのには驚いた。

一九九三年八月三〇日

できるかぎり気持ちを落ち着けて出席をとり、本をわたし、ディスカションをはじめた。「市民ってなに?」と、私は問いかけてみた。また、「権利って何?」とも。答えはなかった。最近の出来事についても尋ねてみた。しかし、沈黙であった。最初の一時間は、まるで一週間ほど長く感じられた。

一九九三年八月三一日

ほとんど全員が宿題をちゃんとやって来る。私が指示したように動く。このような権力をもつことに、少し気持ちの悪さを感じてしまう。

一九九三年九月一四日

生徒たちは、テストの多肢選択問題と穴埋め式問題で本当に苦労していた。文章を書くことはできるのに……。二人を除いて、ほかの全員が運転免許を取得できる年齢の引き上げに激しく反対した。その一人が、「両親は年老いて、どこに行くにも子どもの車に乗せてもらう必要がある」と書いている。ある生徒が、車でカンザス州都のトピーカまで行って議会の周りを行進するたくさんの若者を募ってはどうか、と主張した。いいアイディアだ。

一九九三年一〇月一日

一時間目の授業で、犯罪抑止のために町が提案した二五セントの消費税について、激しいやり取りがあった。意見の対立を際立たせようと私は、クラスの半分に「消費税賛成」の記事を読ませ、残りの半分には「消費税反対」の記事を読ませた。二人の女生徒が、危うくケンカになりそうなほど白熱した。

ほかのクラスの生徒も、そのディベートをやりたがっていた。生徒たちが何かに熱中するのは素晴らしいことだ、と私は思った。いつか授業がうまくいかなくなったとき、見返すことができるようにそのディベートの様子をビデオ撮影しておきたいと思った。ありがとう、生徒たち。

一九九三年一〇月二八日

P先生のクラスでは、まったくダメだった。彼が外に出た途端、生徒たちが騒がしくなった。彼が戻ると、直ちに静まり返った。一人の生徒が言った。

「みんな静かになったでしょ?」

P先生は生徒たちを厳しく叱った。私自身は、あんなふうにはできないと思った。

一九九三年一一月一日

Ｐ先生のクラスで、今日はうまくいった。できるだけ彼がやっているように私は真面目な声で話し、おしゃべりを許さないように授業をやろうとした。これは、私のスタイルとは正反対である。でも、授業はうまくいった。

一九九三年一一月九日

「アメリカ史Ⅰ」の成績優秀クラスが、フィラデルフィア憲法制定会議(1)の劇をすることになった。私が受け持っている通常のクラスにはクリエイティブなことが何もないし、特別に準備していることもない。もちろん、このような活動をリードしてくれる生徒もほとんどいない。生徒は、通常の授業よりもやることがずっと多くなると感じているのだろう。今の生徒に必要なのは、このようなクリエイティブな授業のはずだが……。私はどうすればよいのか、まったく分からない。

---

(1) 一七八七年五月二五日から九月一七日まで、ペンシルベニア州フィラデルフィアで開催された合衆国憲法を制定するための会議のこと。

一九九三年一二月六日

今日の「アメリカ史Ⅱ」の授業は素晴らしいものだった。授業が永遠に終わらなければいいと思ったほどだ。大学レベルの生徒がいるクラスで、初めて教師らしい仕事ができたと感じた。

私は、一九二〇年代におけるビジネスの実務、株式投機、一九二九年の恐慌の原因などについて講義をした。いつもどおり、生徒たちがさまざまな質問をぶつけてきた。しかし、今日は、初めてすべての質問に答えることができたのだ。株式市場の仕組み、会社が株式を売る理由、株の購入方法、株価が上下する仕組み、思惑買いの被害などについても語った。

ニューマン大学では、「講義形式の授業はやってはいけない」と教わっていた。(2) 私自身も、講義形式の授業が望ましいとは思っていない。私は、教師が教壇に立って知識を授けるだけの授業よりも、生徒が自分の力で学ぶほうがよく学べると思っていた。それなのに、見事に知識を伝授できたときは実に爽快な気分であった。

ジャーナルを読み返したことで気づいたことがある。私は若く、ナイーブで、楽観的だった。よい授業をしたかったし、クリエイティブでありたかった。もちろん、生徒を夢中にさせたいとも思っていた。一九九一年から一九九三年に出版された、効果的な指導方法に関する本や報告は

片っ端から目を通した。また、教育担当の新聞記者時代に訪れた教室は一〇〇クラスを超えていたので、私のなかには、教師になったらこうありたいという理想の教師像もあった。

この当時の私は、伝統的な、講義型の授業に引き戻そうとする誘惑に悩まされていた。うまくいかないことがあると、新しいアクティブ・ラーニングの方法は捨てようと思ってしまったものだ。通常の歴史の授業では、シミュレーションすら使ったことがなかった。

なぜ、そんなふうになってしまったのか？　なぜ、信念に基づいて行動しなかったのか？　なぜ、最終的に講義型の授業をすることになったのか？　なぜ、そのような授業を好んだのか？　これには、いくつか理由が考えられる。

実践仲間の同僚教師三人のうち二人は、とても伝統的な考えをもっていた。生徒のおしゃべりはなし、提出期限は厳密、グループワークはなし、もちろん言い訳もなし。机はスクール形式に整然と並べられ、すべてが教師主導で進んでいく。同僚たちがやっていたように教えることは簡単だった。私の挑戦が失敗に終わると同僚たちは、私をより保守的なアプローチに引き戻そうとした。

（2）　著者が経験したのは約三〇年前のことですが、日本の教員養成大学でこんなことを教えているところはあるのでしょうか？

「そんな授業では、生徒は何も学ばないよ。この子どもたちに議論なんてできっこないんだから」

事実、生徒には、伝統的な方法で授業を受けるという学習スタイルが染みついていた。生徒は黙って座っており、私が大真面目に話せばおとなしく聞いていた。一瞬でも自由を与えると、生徒たちはざわついた。消費税論争のように、議論を呼び起こすことができたし、フィラデルフィア憲法制定会議のようなシミュレーションをうまく実施することもできた。もちろん、これらの方法がうまくいかない場面にも出くわしている。教師主導の授業に戻してしまうほうが簡単なケースなどだ。それに、テストの成績が悪かったりすると、それが同僚の忠告を聞くべきというサインともなった。要するに、ほかにうまくできる方法をもっていなかったのだ。

おそらく、重要なのは、教師自身が授業をコントロールできることが一種の快感になるということである。後ろめたさを感じながらも、一種のやりがいを感じてしまうのだ。私の話を聞いたとき、私の指示に従ったとき、宿題をやったとき、私が言っていることに生徒が興味をもっているように見えたときなど、何度も驚かされた。生徒の関心を一身に集めるのは、教師からすれば大いに自尊心をくすぐられるものである。

このような私の経験は、多くの教師がそのキャリアのなかで経験することであろう。常に私たちは、二つの考え方の狭間で揺れている。一つは、クリエイティブでありたい、アクティブ・ラーニングを試したい、何か違うことに挑戦したいという考え方であり、もう一つは、伝統的な講義型の授業のほうが安心できるし、生徒をきちんと掌握できるという考え方である。

矛盾する考え方の間で迷うとき、同僚や管理職から「無理をして、新しい方法を試すべきではない」と言葉をかけられれば、誰しもより保守的なほうを選択するものである。「僕は何度も管理職と対立したよ」と、教師のマイク・ランパート（八二ページ参照）が言っていた（二〇一六年六月一六日に面談）。

新しいことに挑戦するには、大きな困難を伴うことになる。子どもたちを退屈させるために教師になった人は一人もいないだろう。しかし、伝統的な講義による知識伝達型の指導は一つの教員文化となっている。かなり深く根ざしている、と言ってもよいだろう。ほかのいかなる方法よりも簡単だ。自分で変えることは難しい。

実は、生徒も一方通行の伝統的な授業を好んでいるように思える。なぜなら、そのような授業であれば、何もしなくても乗り切ることができるからだ。生徒は、集中していなくても容認されることになるのだ。しかし、そのような教え方では、高校生が深いレベルで取り組むことはできないし、彼らを教えるうえで効果的な方法とも言えない。

本書を書きはじめたとき、高校を卒業して間もない数百人の若者を対象にして調査を行った。私が知りたかったことは、「あなたが夢中で授業に取り組めたとき、どのような活動をしていましたか？」ということだった。これまでに直接指導してきた生徒や彼らとの会話を通して、この質問に対する答えは容易に想像することができた。しかし、私の知らないほかの生徒がどのように考えているかを知りたかった。私を喜ばせる必要のない、多くの若者の意見だ。その意見の一部を紹介しておこう。

・生徒が自分たちの意見を共有する機会がもてるとき。
・実生活に根差した学び。
・読んでいた本についてみんなで話し、自分たちの意見を言い合い、次に何が起きるかを議論する。
・体験的な活動。
・政治の授業。先生が授業でディベートをさせてくれた。生徒が先生となって、お互いに教え合った。生徒が授業に責任をもっていた。
・スピーキング力を高めるために、論争の的になっているようなテーマについて外国語で議論をした。
・ノートを取るのではなく、実際にやってみて学んだ。

よい講義を聞くことを評価する声もあったが、それは少数だった。調査をした生徒の一パーセントに当たる七人の生徒だけが、「先生が優れた講演者だった」と述べている(3)。

これ以外にも、「もっとも夢中になれる授業をした先生は誰ですか?」という質問をしている。実は、この質問の回答から、私がインタビューした教師たちを見つけだしている。そして、その教師たちも、私と同じようなアクティブ・ラーニングの手法を使っていた。どうやら、このような授業は彼らの生徒も共感していたようだ。

「STEMプログラム(4)の仕組みを見て、そして、そのプログラムのなかで先生が生徒とどのようにかかわっているかを見て、私はエンジニアになりたいという希望を捨てて教師になりたいと思いました。我ながら、大きな変化だったと思います。恩返しをするような感じかもしれません。STEMプログラムは、私にとってはそれぐらいインパクトのあるものでした。それと同じことを、生徒にも経験してもらいたいと思っています」と、ホセ・ガルシアのSTEMプログラムの生徒だったマルコ・ガルシアが述べていた(二〇一七年二月二三日面談)。

---

(3) この調査と同じ結果が、日本の生徒を対象にした調査でも明らかとなっている(『効果10倍の教える技術』吉田新一郎、二〇〇六年、四二～四四ページを参照)。この点について、国による違いは一切存在しない。

(4) (Science, Technology, Engineering, and Mathematics) 科学・技術・工業・数学の教育分野を総称した名称。これら四つの学問分野に重点を置いて、自ら学び自ら理解していく力を育成しようとする二一世紀型の教育システムのことである。今は、これに「Art(芸術)」を加えた「STEAM」がより注目されつつある。

私の教室でも、アクティブ・ラーニングは生徒たちに共感を呼び起こしていた。学びとは、夢中になれることであり、自分を高めてくれるものであり、興味をもてるもの、そして興奮すら覚えるものだと卒業生が語っている。彼らの思考プロセスやキャリア上のゴール、そして彼らの人生においてさえ、「人権擁護」、「経済学」、「心理学」、「ジャーナリズム」の授業が役に立ったとも言ってくれている。

「私には、『人権擁護』の授業が、学校で初めて居場所があると思えた時間である。さまざまな意見が存在する特定の問題について実質的な議論ができたのがその授業であった」と、アンナ・ボロックウエイが私に語ってくれた（二〇一六年二月二八日面談）。

「授業で経験した大切なことついて振り返る機会がもてたことは、とてもクールだと思った。これまでの学校では経験したことがなかったよ」と、私がジャーナリズムの授業において課していた「決定的な瞬間」というエッセイについて振り返ったライアン・ヨックは言い（二〇一六年一一月二四日面談）、次のように言葉を続けた。

「友だちにとても感謝していることに気づかされた。中学生のとき、いじめられて辛かったから。そのときから考えると、やっとここまでたどり着いたって感じ」

また、「僕は、授業でいろいろな大会に挑戦したから、今、経済学を専攻しているんだと思う。これまでに受けたことのない、まったく違う授業スタイルだった」と、ソラ・オラテーユは言っている（二〇一六年一〇月二六日面談）。

アクティブ・ラーニングの手法によって生徒が夢中になって学ぶようになることの影響は大きい。生徒の学校観を変えることになるし、若者の社会参画、仕事の機会を開くことにもなるからだ。さらに、学びに関する障壁をなくし、恵まれた生徒とそうでない生徒の格差を埋めることにもなる。

このような学びは、生徒を従わせようとか、静かに座って聴かせようといったものではない。それどころか、学びを諦めようとしていた生徒でさえ、ワクワクして学校に来るようになる可能性が出てくる。ほかの生徒の成長のために教えてあげたい、と思うようになる生徒も出てくるはずだ。

私は、多くの素晴らしい、有能な生徒たちと、本書で紹介したような授業を一緒につくりあげてきた。そして、そのような授業をする自由と機会に恵まれたことを大変うれしく思っている。

二五年前、教育実習生だったとき、アクティブ・ラーニングの手法を使って理想の授業をすることには非常に大きな困難があると感じていた。しかし、年月を経た今は、その困難さに見合うだけの価値があることを確信している。

もくじ

第3章 ストーリーテリング——心動かす物語の強み 55

第4章 ＰＢＬ――生徒が問題解決の主人公 95

第5章 シミュレーション――生徒を引き込むロールプレイ 151

第6章 コンテスト——競争の新しい意義の発見 193

退屈な授業をぶっ飛ばせ！——学びに熱中する教室

第1章 夢中になれる学びをすべての生徒に

アブラハム・ミューロは、退屈していたこと以外、ラスベガスでの高校生活のことをほとんど覚えていない。九年生(1)の英語の授業に出るときはいつも遅刻。友だちとともに教室の最後尾に陣取って、時間が経つのをひたすら待つという日々を送っていた。

遅れて教室に入ると、いつも先生は話をはじめていたよ。半分くらいの生徒はうつむいていたね。先生は年配で、大きな声を出すこともなかった。だからいつも、荷物を置くとスマートフォンで話をするか、友だちと喋ってた。別に、気にもされなかった。帰り際、先生か

(1)　アメリカの高校は九年生から一二年生までの四年間となっている。本書では、九～一二年生という表記にした。

――ら一枚の紙切れをわたされることがあった。宿題さ。本も何冊かわたしてくれたけど、一度も開いたことはなかったよ。（二〇一六年一〇月一六日面談）

今、アブラハムは二〇代になり、作業員として働いている。

「あのころは大バカものだったね。学校のことも無視していた」

彼の両親はともに移民で、高校も卒業していない。彼にとっても、高校で学ぶことはたいして意味のあることではなかった。母親は、勉強をがんばってほしいと思っていたようだが、仕事が忙しすぎて構うことがなかったし、父親は家に寄りつかなかった。誰も、彼の宿題を見ることはなかったし、いい成績をとるようにハッパをかけることもなかった。

アブラハムには、一つだけ好きな授業があった。「自動車」という授業だ。


――実習があって、実践的な授業だった。教室には工具や車がいっぱいあった。学びたい、車をいじりたい、そんなふうに思わせる環境があったね。そんな環境がカッコいいと思った。だから、その授業が好きだったし、成績もよかったよ。――

この授業以外の高校生活は、アブラハムにとって受動的で退屈なものだった。彼は、学校に意味を感じることもなかったし、やる気もまったくなかった。当然、成績はD（かろうじて合格）とF（不合格）ばかりであった。

ハンナ・アーウィンは、ミネアポリス・セントポール（ミネソタ州）の郊外で育った。彼女は、アブラハムに比べるとずっと意欲的な高校生活を送っている。それでも、退屈な授業があった。とくに一〇年生の数学（代数）だ。

先生が教室の前に立ち、「はい、これが今日の問題」と言ってプリントを配り、最後に宿題を黒板に書く。それだけ。全然やる気が出なかった。私は絵を描くのが好きで、描きかけのものがあるときは、いつもそれを取り出して描いていたわ。毎日、これの繰り返し。だから、やめたのよ。授業を聞こうとすることをやめたの。（二〇一六年九月一六日面談）

ハンナも今は二〇代で、教員志望のため学校のことには関心がある。小学一年生くらいのときには、高校を出て、大学には行けるだろうと思っていたと言う。彼女には、学ぶ動機が明確にあった。やる気を失ったときには母親が彼女をサポートしたはずだ。退屈に感じたときにはよく学べないこともあったようだが、完全につまずいたという経験のなかった生徒であった。

先生はドライで無関心だった。それでも勉強はしたけどね。でも、自分のもっている力を発揮できたとは思わなかったわ。いつも、何かが足りないように感じていたし、勉強も遅れているような気がしていた。

退屈、これは誰でも感じるものだ。一部の学校、一部の生徒にかぎったことではない。性別、人種、民族、IQ、社会階層もまったく関係なく、誰でも退屈する。アメリカの高校生の六六パーセントが、毎日、授業で退屈さを感じているという調査もある。ある調査によると、一一年生は授業時間の五八パーセントにおいて退屈さを感じている［参考文献69］(2)。

「退屈に感じる」という精神状態は、心理学や教育学の研究者において注目されている研究テーマである。彼らは、「退屈に感じること」と、ドラッグの使用、さぼり、非行、低学力、退学率などとの関係を明らかにしようとしている。アメリカ軍の関係者でさえ、「退屈に感じること」と効果的な学習や訓練との関係を探ろうとしている。心理学者のジェニファー・ボーゲル－ウオルカット（Jennifer Vogel-Walcutt）は、アメリカ海兵隊と共同で、より良く学べるための学習レディネス（準備）について研究している。

なぜ、私たちは退屈をするのだろうか。退屈であることは決して無意味ではない、と心理学者たちは言う。退屈という状態は、今やっていることを、いつやめて、次に進めばよいかを私たちに気づかせてくれる機会になる。退屈は、創造力をかき立ててくれることさえあるのだ。

しかし、アブラハムやハンナのような高校生が、退屈したからといっていつでも自由に次に進んだり、創造的な活動に移れたりするわけではない。現実には、「席に座って、静かに話を聴きなさい。さもないと、困るのはあなたたちですよ」と言われるのだ。そのため、彼ら彼女らは、学びから逃走しようとしたり、気を紛らわしたり、抵抗したりして訴えてくる。

このような行動の結果は生徒によって異なってくる。学習の内発的動機づけ(3)に欠け、親のサポートも期待できず、学校に行く目的意識が希薄なアブラハムのような生徒は、退屈さを感じた場合、学ぶことをやめてしまうだろう。実際、九年生、一〇年生と成績は低空飛行で、やっと卒業までたどり着いたというありさまだった。

一一年生のとき、副校長が気に留めたことでなんとか単位を修得することができた。スペイン語は単位を修得するためのテストを受験し、英語は地域が提供するオンライン学習コースで補い、数学は放課後に残ってなんとか追いつくことができた。「これでやっと気がついたって感じ。僕はラッキーだった」と、アブラハムは言っている。

---

(2)　日本には「教育七五三」が存在する。高校、中学校、小学校で落ちこぼれる生徒の割合である。

(3)　外部から与えられる動機づけではなく、生徒の内側からわきだす動機づけのこと。

一方、ハンナのような生徒たちは、大学に進学してよい職業に就くという目標があるので、退屈に感じていたとしても反発することはなく、それなりの成績を収めている。彼女は学習そのものを楽しいとは感じていなかったが、不合格になるわけにはいかなかった。ハンナが次のように言っていた。

「私は、常に将来のことを考えて行動するタイプなの。だから、いつも考えてるの。いい大学に入って、いい仕事を得るにはGPA(4)を上げる必要があるの。だから、この授業ではよい成績を取らなければいけないの」

なぜ、生徒は退屈するのか

カナダのトロントにあるヨーク大学の心理学者であるジョン・イーストウッド（John Eastwood）は、退屈に関する研究成果や動機づけへの影響について、ホームページで情報を公開している（www.boredomlab.org）。イーストウッド教授は、「退屈は、誰でも感じたことのあるものだが、正確に定義することは容易でない」と言っている。彼は、次のように退屈を定義している。

> 退屈とは、期待していた結果が得られずに、満たされないままになっている欲求のことである。それは、集中することができない、時間が経つのが遅い、気だるく感じる、イライラする、落ち着かないといった、不愉快な状態のことを指す。［参考文献31］

人は誰でも退屈さを経験したことがある。高校における物理の時間や職員会議、運転免許の更新手続きのために並んでいるとき、お目当ての映画がはじまるまでの予告編のとき、観たくなかった映画を最後まで観なければならないときなど、いくらでもある。

登場人物があまりにも多い映画の場合、ストーリーが分からなくなってしまうことがよくある。息子たちを連れていった映画『ロード・オヴ・ザ・リング』（二〇〇一年）で、私は二回とも居眠りをしてしまった。ストーリーがまったくつかめずに、退屈のあまり眠りに落ちてしまったのだ。このときばかりは、授業中に居眠りしてしまう生徒の気持ちがよく分かった。

学校心理学者であるゲイル・マックレム（Gayle Macklem）は『教室の中の退屈（Boredom in the Classroom・未邦訳）』［参考文献69］という本のなかで、退屈には穏やかなものもあるし、

（4）（Grade Point Average）履修登録した科目の一単位当たりの成績平均値のこと。アメリカの高校や大学などで一般的に使われており、日本でも導入する大学が増えている。

不愉快なものもあるが、最悪の場合は苦痛でさえある、と述べている。

経験したことがないくらい退屈な会議を思い浮かべてほしい。しかも、電話やパソコン、テストの採点、あるいは同僚とおしゃべりをして紛らわすことができないとしたらどうだろうか。バージニア大学の研究者は実験において、このような「退屈極まりない状況に一五分間耐える」のと「電気ショックの痛みを受ける」の、どちらを選ぶかと尋ねた。その結果は電気ショックを選んだ人のほうが多く、とくに男性は、三分の二が電気ショックを選んだという。［参考文献62］

前掲のボーゲル－ウオルカットは、授業中に生徒が退屈する理由として、以下の四つがあると言っている（二〇一六年一〇月一六日面接）。

❶今やっている学習が無意味に感じられる。
❷活動が抽象的で分かりにくく、同じことの繰り返しである。
❸生徒が、今の環境に縛られていると感じている。
❹生徒自身が主導権をもっていない。

ティーンエイジャーがこのいずれかの状態に置かれたとき、脳の興奮レベルが低下する。集中力と意欲を保つことが難しくなるのだ。これは、アブラハムとハンナが陥ったときと同じような精神状態である。「外部からの情報を受け付けなくなり。注意を向けるエネルギーがなくなっているのだ」と、ボーゲル－ウォルカットは説明している。要するに、「生徒が楽しさを感じず、意識がしっかりしていないときは学んでいない」ということだ。

残念ながら、現在アメリカにあるほとんどの高校は、この四つがすべて当てはまってしまう。生徒は、ゾロゾロと教室に入ってきて、決められた席に座る。すべきことは決められており、自分の意志でできることはかぎられている。教師が話している間、抽象的な同じ活動が続き、生徒はおとなしく座って黙々とノートを取っている。そして、個別にリーディングに取り組み、問題を解いたり、プリントを仕上げたりする。

このような描写をすると、ひと昔前の授業と思われるかもしれない。あるいは、新しく導入されたスタンダードや学力テスト偏重のせいだと言うかもしれない。アメリカ国内を回り、熱中して深い学びを実現している教室の調査をしたハーバード大学の大学院生であるサーラ・ファイン（Sarah Fine）は、これらの状況は決して主たる原因でないとしている。一九八〇年代、一九九〇年代、二〇〇〇年初期における教育改革の前もほとんどの教室が同じ状況だったし、繰り返し実施された教育改革のあとも何も変わっていない、と述べている（二〇一六年五月一三日面談）。

数々の教育改革においてさまざまな試みがなされているにもかかわらず、このような状況が続く理由を見つけるのは難しい。慣れ親しんだ指導方法から脱却することができず、新しい指導法を試そうとしないことが原因ではないかとファインは考えている。

「ほとんどの教師が、生徒に豊かな学びをもたらしたいと考えている。実に微妙で複雑な心理状態と言えるが、教師は、新しい方法がどのようなもので、その方法を取るとどのように感じるのかということに対してイマジネーションが欠如しているのではないかと思える。このイマジネーションの欠如は、教師が教えることに対して長年もち続けてきた固定観念によるものであろう。自分が教わってきた方法を真似るしかできないのだから」

また、教師主導という講義型の授業以外の方法だと生徒たちは学ばないのではないか、という不安から新しい授業に挑戦できないのかもしれない。ファインの言葉を借りると、「教師を続けていれば、ある程度の指導力が身についてくる。そうなると、別の方法を試すことは、それを捨て去ることを意味する。自分を変えるのは容易ではない」ということだ。

伝統的な指導法が、生徒を退屈させ、学ぶことの情熱を失わせ、そして学力低下を招くことは当然であると言える。私たちの脳は、そのような学習に向いていないのだから。

一人ひとり学び方は多少異なるが、基本的に私たちは次のような方法で学んでいる。感覚、視覚、聴覚などに対する新しい情報に注目し、それらが短期記憶で処理され、既存の知識と関連づけられることで長期記憶に蓄えられていく。情報が目新しいものでなく、興味をもてないものであった場合、あるいは既存の知識との関連性が見いだせない場合は、長期記憶に保存されている情報とは結びつかない。

ボーゲル－ウオルカットの見解では、私たちが教科書、黒板、パワーポイントのスライドにある関連のない断片的な知識を覚えようとするときは、その一部しか記憶できないという。初学者の場合、特徴的で目立つ内容だけしか記憶に残らないだろう。長期記憶に保存されなければ、それらは生きた知識とはなり得ない。

このような断片的で難しい事実を学ぶという感覚は、〈ニュー・イングランド医学ジャーナル（New England Journal of Medicine）〉に掲載された次のような文章を読んでみるとよく理解できる。

研究用ワクチンは、四つの遺伝子組み換えデング熱ワクチンウィルスから構成さており（シクロデキストリン1から4）、個々のワクチンは、前駆膜細胞の遺伝情報をもった遺伝子を置き換えることによって構成され、天然のデング熱ウィルスのタンパク質とともに、黄熱病17Dワクチンウィルスのタンパク質で皮膜化している。これらの成分は、血清型ごとに5.0 log10の中央値の細胞培養感染量（CCID50）と結合され、懸濁液用の粉薬と溶剤（〇・四パーセントの塩化ナトリウム）として調合される。［参考文献107］

記された手順について、「理解できた」と自信をもって言える人がどのくらいいるだろうか？　あとからこの内容を思い起こせるだろうか？　このワクチンに関する説明は、研究者や医者などといったこの雑誌の読者層であり、この分野に精通した人であれば難なく理解できるだろうし、容易に覚えることもできるだろう。

しかし、それ以外の人にとっては、この文章はＤＮＡの配列か光の速度について何かが述べられているということしか分からない。興味もなく、背景となる知識をもたない私たちにとってはまったく意味をなさないものである。無理をすれば丸暗記できないこともないが、理解することはまず不可能だろう。[(5)]

新しい話題に関心がなく、読み飛ばそうとすれば同じ結果になるだろう。アブラハムが九年生だったときの英語の授業を思い出してほしい。友だちとおしゃべりをして、授業は一切無視。情報は提示されているが、関心をもっていない。だから、長期記憶として残るわけがない。教師の話すことは、すべて右から左へ流れていっただけである。

ボーゲル－ウオルカットは、生徒が学びに熱中していないとき、どんな情報を与えられてもそれは自分のものにならないはずだ、と言っている。

「生徒が退屈でたまらない教室に閉じ込められることは、負のトレーニングとなる。脳が学べる準備状態にないときは、情報にさらされている状態でしかないのだ。私たちは、この仕組みをよく理解しておかなければならない。学ばれなければ意味はないのだ」

退屈と学力の関係

多くの教師は、生徒が授業に集中できていないとき、やり場のない思いに駆られる。教師はいつも、これだけは教えなければならないという強いプレッシャーを感じている。そのため、スマートフォンをいじっていたり、落書きをしたり、友だちおとしゃべりしたり、居眠りしている様子を見ると、なぜ学習に集中してくれないのかと考え込んでしまう。生徒の気が散ってしまうことを咎めたり、名前を呼んだり、机を叩いてみたり、時には教室を出て行くようにと罰を与えたりもする。決して悪意でやっているのではなく、授業をしっかり聞いて、教えたことを学んでほしいと思っているからだ。

生徒が学習から目を背け、落ち着かない状態になるのも無理はない、とボーゲル－ウオルカットは考えている。この一連の行動は、生徒が自身を覚醒させておくための方法、つまり状況に対

（5）　残念なことに、教育をテーマにした学術論文も、実態はここに紹介されている医学ジャーナルの場合と変わりない。読者対象の設定の違いが、教育現場の者にはかなり難しい形（ないし、ほとんど理解されない形）でしか書かれていない。

処するためのメカニズムと言える。彼女自身が学生だったころは、宝くじが当たったら何に使うかと、ノートの裏に落書きをしていたそうである。

教師は、教室の中で落ち着かず、問題を抱えている生徒は、学ぶ意欲が劣っている生徒であると考えがちである。私自身もかつて、そのように安易に結論づけようとしたものだ。しかし、生徒の言葉を借りれば、「授業によって、振る舞いも、モチベーションも、ものすごく変わる」のである。(6) 授業スタイルが魅力的に映らなければ、意欲的な生徒であっても、まったくやる気がなくなってしまうものだ。

マーカス・ピーターソンは、ワシントンDCのチャータースクールに勤務する若い教師だが、彼はニューヨークの高校での授業をとても楽しく受けていたと回想している。とくに、AP生物とAP英語だ。(7) 彼は、ニューヨーク州で設けられている高校卒業資格と同時に、大学の単位を取得して卒業したほどの人物である。しかし、世界史の授業では、意欲が大きく低下したことを記憶している。その先生の授業は、毎日、授業前に膨大な量の板書がなされており、先生は机に座って講義を続けるだけだった。一時間の授業中、ディスカションもなく、一方的に話を聞くだけだった（二〇一六年八月九日面談）。

――先生は、前で話しているだけだった。僕は、年号だけが書かれている黒板を見ていた。すべてを書き写そうとしたけど、頭が痛くなってきたよ。もう、ここには居たくないと思って時計を見た。ノートを見たけど、そこには線と丸しか書いてなかったんだ。それで、友だちと悪ふざけをしていた。そしたら、叱られてしまったんだ。教師は、罰として壁に向かって僕を座らせた。嫌な授業だったよ。

ハンナ・アーウィンもそうだったように、マーカスも単位を落とすことはなかった。しかし、彼にとってこの退屈さは、彼の学力に深刻な問題を引き起こした。

そのときは、その授業を取らなければいけないことは分かってたし、取れるとも思っていたよ。よい成績を取りたいとも思っていたけど、よい成績を取ることが決して優先順位の高いものでもなかった。とにかく、やり過ごせばよかった。それなりの成績がもらえる程度に、やり過ごせばね。

（6）このテーマについては、現在翻訳中の『挫折ポイント（仮題）』が参考になる。生徒たちが挫折する要因を明らかにしたうえで、挫折を避ける方法が紹介されている。

（7）ＡＰ（Advanced Placement）とは、優秀な生徒のみが履修可能な大学レベルの科目のこと。後者は、進度の早い生徒たちを対象にした国語の授業と解釈できる。

ボーゲル－ウオルカットの研究によると、生徒における学力差の二五パーセント程度は退屈に感じることが原因であるという。知能への影響もほぼ同程度であると言われている。〔参考文献58〕退屈は、生徒の居眠り、授業中の散漫さ、授業をサボることと同じ影響をもつと言える。退屈は、学習に対する不安が学力に与える影響とも同程度なのである。ただし、学習に対する不安ほど研究が進んでいるわけではない。

ミュンヘン大学のリチャード・ペクラン（Richard Peckrun）は、四二四人に上る大学生の一年間の学力を追跡し、「退屈レベル」と「テストの成績」との関係を調べた。その結果、「退屈がテストの成績の低下をもたらし、それが学習への取り組みを低下させ、さらにより強い退屈を生み出していくというサイクルが存在する」〔参考文献58〕ことが分かった。つまり退屈は、生徒を学びから撤退させてしまうような悪循環の起点になるのだ。

なぜ、一部の生徒には退屈の影響がより大きいのか

ソラ・オラテーユは、二〇一〇年から四年にわたって私が教えた生徒だ。ソラは、議論やコンテスト、シミュレーションなどが大好きという社交的な生徒だった。いわゆるゲームのように、アドレナリンが出るようなものであれば何でも彼は好んだ。

彼は、率直にものを言い、生来のリーダーシップをもち、ユーモアのセンスもあった。しかし、黙ったまま一日中プレゼンテーションのスライドに書いてあることをメモし続けるといったタイプの授業では、完全にそっぽを向いていた。彼は言う。

「ノートはとっているけど、まったく何も学んでいないよ。このような授業で、ほとんど何も話さずに座っていると、集中して学ぶことができない。とくに、僕のように意欲的に学びたいと思っている生徒にとっては難しいことだよ」（二〇一六年一〇月二六日面談）

高校入学当時、ソラは成績のことが気になっていたが、そのうち気にすることをやめてしまった。フットボールやバスケットボール、青年議会などといった授業外の活動に熱心に取り組むようになり、授業に対してはエネルギーを注がなくなってしまったのだ。

「できるだけよい成績を取りたいという気持ちが薄れ、自分が本当に学びたいことを学ぼうと思うようになったんだ」

成績に頓着しなくなったにもかかわらず、彼は大学に進学することができた。そして、今、より少人数で活発な議論が交わされているクラスで彼は成長を続けている。

本書の執筆にあたり、生徒たちが調査に協力をしてくれた。面談したとき、高校での退屈さや学習回避ということについて語ってくれたのだが、いずれも似通った内容だった。ＳＮＳ漬けになっていたり、ネイルをいじったり、授業を抜け出して保健室に行ったり、居眠りをしたり、課外活動のこと、ほかの授業のこと、学校外での生活のことなどをみんな授業中に考えていたのだ。生徒たちの声を紹介しておこう。

「授業中は、本当に何もせずに過ごした。壁をボーっと見つめながらね」

「うわの空で、別のことをしているときもあった。内職をしているときもあったし、ただ想いにふけっているときもあった」

ほとんどすべての生徒が退屈さを感じており、脳が学ぶ状態になっていないときに、よく学び、卒業し、大学に進学し、そして職を得ることができるといった生徒は存在するのだろうか？　一方、落ちこぼれてしまう生徒がいるという問題も検討しておかなければならない。

なぜ、マーカスは友だちとバカなことを言い合って教室に座っていただけなのに、それなりの成績を維持することができたのだろうか？　ソラは、授業外の活動に一生懸命取り組む一方、授業中は気もそぞろだったというのに学業に悪影響をもたらさなかったのか？

アフリカ系、ヒスパニック系、ネイティブ・アメリカンの子どもたちの半数近くが高校を中途退学しているが、なぜそれらの生徒たちは、退屈したことで学ぶことを完全にあきらめてしまったのだろうか？［参考文献69］　両者の違いは、いったいどこにあるのだろうか？　ボーゲル－ウオルカットは、その理由を次のように考えている。

授業内容を理解するのに、認知能力のごく一部だけ使えば十分な生徒がいる一方、一つ一つの段階を丁寧に説明されないと理解できない生徒もいるということだ。集中力を保つことができないので、理解するだけの認知処理ができないのだ。言い換えると、理解の早い生徒は、たとえ退屈していたとしても、理解するだけの認知的余力があると言える。

さらに、家庭環境の違いも大きな理由となっている。落ち着いた、教育熱心な家庭で育った子どもは、十分な記憶容量をもった状態で一日をはじめることができる。したがって、多少学習に集中できなかったとしても、家庭の雰囲気やその日の夕食、寝場所などのことを心配している子どもたちよりもよく学ぶことができるのだ。

いつも子どもに声をかけ、成績を確認するような親をもっている場合も大きな違いを生むことになる。ボーゲル－ウオルカットは、「学校での成績を重視している家庭の子どもは成績がよい」と言っている。パワーポイントのスライドだけによる退屈な授業であったとしても、子どもたちは親から小言を言われないように、最低限のことをしようと決めているのだ。

要するに、外発的であろうが、内発的であろうが、学習に高い動機をもっている生徒は、それなりの成績を取ることができているということだ。あるいは、人の助けを借りずに自立的に学ぶ方法を身につけていると言うこともできるだろう。

サーラ・ファインは、このような生徒を「地域や家族の期待が内在化された中流家庭の生徒」と呼んでいる。「学校は基本的に大切なもので、明るい未来を約束してくれるものだという確信が、一種の安全装置のような機能を果たしている。彼らが受けている教育が、格段に魅力的なものでなかったとしても」である。

そのような安全装置の機能が望めない子どもたちは、授業が魅力的なものであると感じなければ大きなリスクにさらされることになり、常に低学力層に留まることになる。

先に紹介したマーカスは、大学卒業後、一年半ニューヨーク市の公立学校でインターンシップをした。彼は、一二年生の学習相談や進学準備の授業を担当したことで問題点に気づいたという。多くの生徒が、学ぶ目的を見いだせず、ただ黙って座っていることに耐えられなかったのだ。そのため、保健室に行ったり、トイレに行ったり、徘徊したり、あるいは退学させられたりして、退屈な授業から逃れる方法を模索していた。

「生徒が僕の部屋に来るときも、授業に出なくてもよい理由を見つけるためといった感じであった」と、マーカスは言う。「とにかく、教室に座っていることが耐えられない。そして、先生にまじめに取り組むようにと言われ続けることも嫌だった。授業から放り出されるか、サボる方法を見つけようとしていたのです」

彼がかかわった生徒たちが、まったくやる気を出さなかったわけではない。現実社会の問題を議論させたときは、やる気を見せた生徒がいたのだ。

「ディスカションをやったんだ。そのときは、お互いに『静かに！　今、真剣に議論しているんだから』などと注意しあったものです」

二〇一五年秋、マーカスはスプリングバレー事件（二〇一五年七月）のビデオを生徒に見せた。サウスカロライナ州の学校で、学校警備員が女子生徒を強制的に教室から排除した事件である。事件の内容を説明したあと彼は、「この事件が起きた原因は何だろう？　どのようなときだったら、このようなことが許されるのか？　自分たちの学校でも起きることなのか？　誰の責任か？　意見を聞かせてほしい」と問いかけた。彼によると、生徒はすぐに質問を出し合うようになり、議論が止むことはなかったという。

その年の後半、マーカスは将来の職業について調べるという課題を生徒に課した。生徒は、欲しい給料の額、給与の平均額、求められる学歴や経験、仕事の内容、ソフトスキルとハードスキル[8]、その分野の求人情報などについて調べ、プレゼンテーションやホームページなどを作成して成果を発表した。生徒たちは、その課題に夢中になって取り組んだ。プレゼンテーションをプロらしく見せるためにはどうすればよいかと、相談に来た生徒もいたらしい。

（8）ハードスキルは従来のテストで測れる知識的なものであるのに対して、ソフトスキルは人間関係にまつわるコミュニケーションやファシリテーション、リーダーシップ、交渉など。

「生徒は自分たちのプロジェクトにプライドをもっていたし、真剣に取り組んだんだ」

生徒が退屈する要因として、生徒と教師のどちらに責任があるのだろうか？　マーカスの事例は、どちらか一方の責任であるといった捉え方が誤っていることを示しているように思える。公教育に批判的な人たちは、子どもを学びに向かわせることができないのは「教師の責任だ」と言っている。一方、教師たちは、教師の立場ではどうすることもできない要因、つまり不利な状況に置かれている子どもたちから学ぶことを奪っているさまざまな社会的要因が原因だと言う。

生徒のやる気が成績向上には不可欠で、マーカスが指導した生徒はすぐに諦めてしまう傾向があったが、そのような生徒でも、教師たちが分け入って、夢中にさせたり、やる気にさせたり、学力を高めるだけの余地は残されていたということだ。**表1－1**を見てほしい。

表の対角部分（1Aと3C）は、実際にありうることだとすぐに分かる。やる気のある生徒であれば、意欲的な教員の指導を受ければ素晴らしい成功を収めるはずである（1A）。これが、すべての子どもに提供したい教室の姿である。その対角にある意欲の低い生徒の場合、退屈な授業が行われている教室で指導を受ければ、学びに向かおうとはせずに中途退学してしまうだろう（3C）。ひょっとしたら、責任のなすりあいがはじまるかもしれない。

しかし、組み合わせはこの両極（1Aと3C）だけではない。やる気のある生徒が、退屈な指導を受けざるを得ないことになったらどうなるだろうか（3A）。ハンナ、マーカス、ソラは、これに

表1－1　教え方と生徒の動機のマトリックス

	興味深く、やる気を引き出す教え方	普通の教え方	退屈で、やる気が出ない教え方
やる気があって、粘り強く学べる生徒	1A 成功 学習 ☆ 動機 ☆ 学力 ☆	2A 成功 学習 ◎ 動機 ◎ 学力 ◎	3A 普通 学習 △ 動機 － 学力 ◎
普通の生徒	1B 成功 学習 ◎ 動機 ◎ 学力 ◎	2B 普通 学習 ○ 動機 － 学力 ○◎	3B 失敗 学習 △ 動機 － 学力 △
学習意欲が低く、すぐに諦めてしまう生徒	1C 普通 学習 ◎ 動機 － 学力 ○	2B 失敗 学習 △ 動機 － 学力 △	3C 失敗 学習 × 動機 － 学力 ×

（☆とても高い、◎高い、○まあまあ、△低い、×とても低い、－不明）

該当する。やる気のない教師に出会ったにもかかわらず、この三人は学ぶことをやめなかったのだ。

私が興味深いと思うのは、意欲的な教員が学習意欲の低い生徒に出会った場合である（1C）。このような教師は、生徒の学習意欲といった問題を解決することができるだろうか？　私は「できる」と思っている。少なくとも、私の場合はそうだった。しかし、残念なことに、私たちは正反対の方向に進んでいるようだ。よい学習をもっとも必要としている生徒に、劣悪な学習環境を押し付けているのではないだろうか？

標準学力テストの結果、低学力の学校であると判定された場合に決まって採用される方法は、知識中心の学習方法をより厳密に推し進めることである。主体性を重視したアクティブ・ラーニングの方法が採用されることはまずない。これは、一つの学校のなかでも起きることだ。低学力層の生徒にのみ、講義とドリル中心の学習をさせるのだ。低学力の生徒には、高度な思考が求められる学習に移行する前に「基礎学力」を身につけさせる必要がある、という考え方が根強くあるからだ。

サーラ・ファインは、調査のなかで、幾度となくこのような場面を目撃したという。彼女が参観したニューヨーク市の学校では、卒業試験で不合格になった生徒にアメリカの独立戦争に関する空所補充形式のプリントが配布されていた。教師は、同じプリントに答えを書き込み、それを拡大したものを黒板に貼っていた。そして、プリントを読み上げながら生徒たちに書き写させていた。

別の教室では、「細胞生物学について学ぶ」と称して生徒たちに、スマートフォンに表示した図を紙に書き写させていた。また、「数学を学ぶ」と称して、教師が出した問題を教師自らが解答する様子を聞かせるだけといった授業もあった。

UCLA（カリフォルニア大学ロサンゼルス校）の名誉教授で、教育の機会均等が専門のジーニー・オークス（Jeannie Oakes）は、個人の教育的ニーズにこたえることを装って、低所得層の非白人である家庭の子どもたちが、楽しくもなく、魅力もないクラスに割り振られる傾向がある(9)と繰り返し主張している。一方、学力上位クラスに割り振られた生徒には、知的に高度な考察や興味深い問題解決学習の機会が与えられている。ちなみに、低学力層のクラスでは、答えを書き写すだけだったり、同じような質問に繰り返し答えるだけといった、単純な記憶や簡単な内容理解が求められる活動しか見られなかった。〔参考文献79〕

サーラ・ファインは、この問題について教師たちと議論を続けてきた。そこで明らかになったことは、より主体的に学べる課題が与えられれば低学力の生徒でもよく学べるという事例が数多くあるにもかかわらず、学校や教師たちの多くは、来る日も来る日も生徒に基礎基本を覚えるためのドリル学習を課し続けているという事実であった。

低学力層の生徒は、これが終わったらもっと楽しい学習に進むと繰り返し聞かされている。しかし、そのような日は決して訪れない。結局、生徒は、そのような学習を続けることに幻滅し、学ぶことをやめ、多くの場合、ワクワクするような学びを一度も経験することなく中途退学してしまうのだ。

（9）　原書では「think critically（クリティカルに考える）」と書かれている。意味は、「大切なものを選びとる能力」（および「大切でないものを排除する能力」）である。

第2章 答えはすぐそこにある

自然状態にあるとき、人生とはどのようなものなのだろうか？　イギリスの哲学者トーマス・ホッブズ（Thomas Hobbes, 1588～1679）が言うように、「やっかいで、粗野で、短いもの」なのだろうか？

自然権[1]とは何か？　我々は、自然な責任を負っているのだろうか？

人は、基本的に善なのか悪なのか？　我々は、統治体制なしで平和的に共存していけるのか？

私は、とくに派閥政治が好きなわけではない。政府の仕組みにも興味はないが、政治について一日中話をすることはできる。「アメリカ政治」を受講している生徒であれば政治に興味をもっているもの、と私は思っていたが、それは大きな間違いだった。今、記したような政治的な質問を三五人の一七歳の生徒たちにしたら、彼ら彼女らは口をつぐんでしまうにちがいない。

二〇〇八年に「アメリカ政治」を教えはじめたとき、パワーポイントを使って講義するだけの授業はしたくなかった。生徒には、政治のあり方や人権、投票に行くべき理由などについて、自由に議論をしてほしいと私は思っていたのだ。しかし、生徒の反応は次のようなものだった。

「それって、覚えておかないといけないの？」

「ノートに書いておくほうがいいの？」

「テストに出るの？」

とてもがっかりした。なぜ、生徒はこんなことにしか関心を示さないんだろうか。なぜ、今ある枠組みのなかでしか考えられないのだろうか、と思った。教室に収まらない、ワクワクする学びの機会を手中にしたいとは思わないのだろうか。私はそのとき、ホッブズやロック（John Locke, 1632～1704）、自然権、社会契約説といったことについて延々と講義をする従来の方法に

（1）　自然権とは、人間が、自然状態（政府ができる以前の状態、法律が制定される以前の状態）の段階から保持している生命・自由・財産・健康に関する不可譲の権利のこと。

戻したいという誘惑に駆られてしまった。生徒たちがこれまでずっとやって来た学び方だ。「考えたくないんでしょ！　だったらパワーポイントを見て、暗記してよ！」と、心の中で叫んだ。

幸いなことに、ブラウン大学の俊英たちが「政府の目的の再考」という授業案を開発してくれていた。生徒に抽象的な概念を覚えさせようとしてもうまくいくはずはない。そのような方法の代わりに、この授業案では「ティーンエイジ・ワールド」と呼ばれる、より具体的なシナリオがわたされるのだ。

> 今日、一八歳以上の人間が消えてしまうとしたらどうだろう。決まりをつくる両親もいない、指導する先生もいない、法律を行使する警察官もいない、そして法律をつくる政府もない。大人の権威やサービスがすべてなくなってしまうのだ。あなたが、社会の最年長者になる。あなたは、一〇〇パーセント自由に行動できるのだ。そして、一〇〇パーセントの責任を負うことになる。［参考文献21］

このシナリオのもとで生徒は、人間はどのような自然権をもっているのか、それによってどのような問題が起こるのか、自分たちの権利は守ることができるのかなどについてグループ・ワークを行った。あまり複雑なシミュレーションではないが、まったく興味をもとうとしなかった生

徒を惹きつけ、「権利とは何か？」、たとえば「教育は権利か？」、「ヘルスケアは権利か？」、「我々は銃を携行する権利をもっているのか？」といったことについて深く考える機会となった。そのときは、まだ学習していなかった「自然状態[2]」という概念について自ら定義しようと試みたわけである。自ら考える機会を与えられ、自分の意見を述べることの大切さに気づいたと言える[3]。

授業の二日目、解決すべき問題に気づきはじめた。たとえば、食料の確保や子どもの教育といった問題である。そして、どのような政治環境をつくり出せばこれらの問題に対処できるのかについて深く考えはじめた。

この授業は、生徒を政治学に誘う、賢明で、巧妙で、少しトリッキーな方法である。ここに挙げた例は、講義形式以外の授業がもたらしてくれるものや、協働やディスカション、よく考えられた問いかけなどを通して、生徒の理解が進んでいくことを示している。このような授業は、「アメリカ政治」の大部分を、退屈で機械的な時間から刺激的で楽しい時間に変えることになった。

（２）社会契約説において、個人相互の社会契約に基づく国家の形成以前に、諸個人が置かれているると論理的・歴史的に想定される状態のこと。

（３）これと似た活動が『ワールド・スタディーズ』の一六〇～一六二ページの「新しい社会」という活動として紹介されている。この本のなかには、ほかにもたくさんの活動的な事例が紹介されている。http://eric-net.org/detail/WS-25.html で直販。

一人の生徒が書いた手紙を紹介しよう。

　正直に言うけど、先生の授業を受けるまでは、政治に関することはすべて嫌いだった。履修せざるをえないから取っていただけ。でも、終わってみると、今まで勉強したなかで、もっとも学ぶことの多い授業だったと思う。
　先生は、大学に行っても「アメリカ政治」の授業を取るようにすすめてくれた。先生の授業は本当に楽しくて、以前は長くてつまらない時間だったのに、一日の最後の一時間をあっという間に過ぎる時間にしてくれた。

変化を妨げるもの

　生徒は常に退屈している。これは悪いニュースだ。良いニュースは、それを解消するために、我々にはできることがあるということだ。(4) 学校の教員は、州レベルの標準カリキュラムを書かされることはないだろうし、公的なテストを作成することもない。また、年間の授業日数や授業時数を変えたり、教育予算の編成をしたりすることもない。当然ながら、生徒の家庭生活に入り込んだり、その家庭の経済的な環境を変えることもできない。しかし、私たちは、授業の方法を変えることはできる。授業時間の五〇分間は、完全に私たち教師の手の内にあるのだ。

それなのに、なぜ私たちは授業を変えることができなかったのだろうか？　何が邪魔をしてきたのだろうか？　先に紹介したサーラ・ファイン（一一ページ参照）は、教師は先輩教師から受け継ぐことで学んでいくものである、と述べている（二〇一六年五月一三日面談）。研究者たちはこれを「観察による徒弟制」と呼んでいる。自分が教わった先生のことを一三年間（あるいは一七年間）[5]見てきたため、自分自身が教えはじめるときには、その先生たちがやって来たとおりのことをするようになるのだ。多くの場合、それは「講義をする」という教え方である。

最初に同僚になった人が、この「講義―ドリル―理解なしの反復学習」モデルを疑うことなく受け入れるような人であった場合、新人教師がそれに逆らうようなカリキュラムや教科書の使い方を提案するといったことはとても難しいだろう。

オーバーン大学教授のジョン・セイ（John Saye）は、三四人の研究者らと三年間にわたる「本物の教え方（Authentic Pedagogy）」[6]を探究するプロジェクトを行った。これは、高校の社会科

（4）原文では「high stakes tests」となっている。成績が学習者に重大な結果をもたらす学力テストのことで、入学試験や検定試験などが含まれる。

（5）アメリカの小学校には幼稚園の最年長組も含まれているので、高校卒業まで一三年間、大学卒業までは一七年間になっている。

の授業で、探究型学習のようなより知的に、高次な課題を取り入れる指導方法を研究するものであった。セイらは、新しい教育方法を採用することを妨げている要因の一つとして、観察による徒弟制があることを突き止めた。

「アメリカの教育現場では、そもそも探究型の学習は稀であり、新人教員が生徒として、あるいは教員として、本物の教え方と呼べるものを経験したことはほとんどないと思われる。(中略) 私たちの最初の仕事は、効果的で、魅力的な教え方と学び方について、教員にビジョンをもってもらうことだ」[参考文献93]

教える方法を変えることは挑戦しがいのあることと言えるが、勇気を必要とすることでもある。プロ野球選手がスイングを変えたり、テニス選手がサーブを変えたりするのと同じレベルの難しさであろう。一旦はパフォーマンスが落ちるはずだし、以前のレベルに戻れない恐れだってある。生徒が小グループで新しい社会規則について議論するといった、いわゆるアクティブ・ラーニングの手法を使うのは非常に大きな変化であると言えるし、それによって、規律なく収拾がつかない教室環境になってしまう恐れも出てくる。

おとなしく机に座ってノートを取る代わりに「ティーンエイジ・ワールド」(三〇ページ参照)に取り組む私の生徒は、教室中に広がって活動をしているし、廊下にいることだってある。生徒は、その日のテーマから外れたりしながらも意見を交換しあっている。とはいえ、生徒のやり取りは、時に稚拙で未熟に感じるものであった。もちろん、そのまま放っておくわけではない。私は、様子を見ながら生徒の間を回り、質問を投げかけたり、脇道に逸れそうになる場合は引き戻したりしてきた。結構、大変な役回りである。

同僚が教室の近くを通ったりすると、「こいつは授業をしていないんじゃないか」と思われそうでドキドキする。私たちは、教師が教壇で話しているときにのみ生徒が学んでいると思い込んでいる。それ以外の方法は不自然に感じてしまうのだ。

新しい方法を試すには十分な時間がない、と言う人もいる。教師は、公的な学力テストに出るすべての内容（その多くは単なる知識を問うもの）を教える必要があるというプレシャーにさらされている。多量の知識と情報をもっとも手っ取り早く与えられる方法といえば、間違いなく講義形式の授業となる。講義形式であれば、一日でホッブズとロックについて教えることができるし、もしかすると、ルソー（Jean-Jacques Rousseau, 1712～1778）まで含めることができるかもしれない。

（6）従来の講義型学習を暗に偽物と位置づけている。また、ペダゴジー（Pedagogy）は、子どもを対象にした教え方ないし教授法という意味。

このような効率性の捉え方は明らかに誤りである。生徒たちに対して「一度だけ言うこと」は、「教えること」と同じではない。もちろん、生徒が「学ぶこと」とも同じではない。昨年秋のAP心理学の授業において操作定義について学んだとき(7)、私は生徒に、学習の「効率性」を定義するようにと求めた。多くの生徒が、効率的な学習を「学習時間が少なくてすむこと」と定義していた。しかし、その定義は、学びが成立したかどうかという結果を示していないので「誤り」となる。要するに「効率性」とは、インプットに対するアウトプットが多いということである。すなわち、同じ時間でより多くを学べるか、同じ分量であればより少ない時間で学べるかのいずれかとなる(8)。

私たちは、一貫性があり、より正確な基準で指導法の成果を測る必要がある。「生徒が理解するのに要した時間」を測る必要があるということであり、単に「どれだけ教えられたか」で測ってはいけない。その意味でも、講義形式の授業は効率性からして程遠いものだと言える。心理学の研究によると、人は講義で聞いたことを、教室を出た直後に七〇パーセントは忘れてしまうとされている。［参考文献17］

変化を妨げるもう一つの要因は、有用感の問題である。私たちは、生徒の動機づけには責任をもちたくないと感じるものだが(9)、生徒によると(10)、教師は大きなインパクトをもっているという。二〇一六年に私は、「サーベイ・モンキー」を通して七五〇名を超える高校の卒業生を調査した。

「教師が新しい指導方法を採用すれば、退屈な授業を面白いものにできる」という設問に賛成した生徒が九〇パーセント、授業がより面白ければ「かなり」あるいは「ある程度」やる気が出ると思うと答えた生徒は八〇パーセントであった。

ある研究者たちの調査によれば、六九パーセントの教師が「生徒が興味を失っていること」が学校の問題であると答えている〔参考文献14〕。しかし、別の研究者は、生徒が夢中になって学んでいない原因が退屈にあると考えている教師は少ない、と指摘している。生徒が授業に退屈している原因は、怠(なま)けや不安、絶望といった生徒側の感情による、と多くの教師が考えているのだ。〔参考文献69〕

私たちは、教え方が生徒の学びに大きなインパクトを与えることを認識しなければならない。私たちが教えたいことだけでなく、生徒が今経験していることや、生徒にとってのニーズを考える必要があるということだ。

---

(7)(operational definition) 研究や論文に客観性や検証可能性をもたらすために、何らかの概念を明確に定義することを意味する。

(8)「学べる」ではなくて、「暗記すべきことは何かを把握する」のような気がするが……。

(9) なぜだろうか、真意がよく分からない。

(10) オンラインのアンケートサイト。https://jp.surveymonkey.com を参照。

どこからはじめるのか

物理の教師であるピーター・ボハセックは、教員養成課程ではほかの方法を学んでいたにもかかわらず、最初の数年間は、自分が教えられたとおりの講義型で、生徒が静かにノートをとる授業しかできなかったという（二〇一六年六月一日面談）。彼は、自分自身が馴染んできた方法、そして多くの経験ある教員がやって来た方法を採用した。生徒は彼の授業が好きだった。しかし、リチャード・ヘイク（Richard Hake）の「力学概念指標（FCI: Force Concept Inventory）」についての研究を読んだとき、彼に転機が訪れた［参考文献45］。力学概念指標とは、大学入学期における物理の講義効果を測定するためのテストである。

一九九〇年代の初頭、ヘイクはインディアナ大学の物理学教授だった。効果的な指導法とはどのようなものかを明らかにするために、六二回もの異なる物理の講義で六五〇〇人に上る学部生の成績を分析した［参考文献45］。これについて、ボハセックは次のように話している。

「ヘイクは、教員が、ペアでの共有、クリッカー（対話型応答装置）の使用、対話型コンピューター・シミュレーションといった手法をどの程度使うかを調べた。その調査には、『教授が話し、学生が聞く』こと以外の指導方法がすべて含まれている。結果は、もっともひどいと言われる教師であっても、対話的な手法を用いておれば、もっとも優れているとされる教師と同程度か、あるいはそれ以上に学べているというものだった。その結果を見たとき、私は思った。『そうか、教室の前に立って話しているかぎり、生徒たちは学べないのだ』と。対話的な手法であれば、より良い結果を出すことができるのだと思った」[11]

その後、ボハセックは講義型の授業をやめ、「ホワイト・ボーディング」という方法をはじめた。これは、周到に用意された問題に生徒が協働で取り組み、その解決策をホワイトボード上で共有しあうというものである。彼は、物理の法則を教えることをやめて、その代わりに生徒自身が取り組むことのできる課題を出すことにしたのである。生徒自身が考え、試し、既習の知識を活用し、自分の言葉で理解できるように仕向けるといった課題である。これによって生徒は、話し合い、考えを共有し、お互いの考えを吟味しながら誰とでも話すことになった。

「このような経験が生徒の理解に結実していくのだが、そのプロセスが私にはとても面白かった。私は教室を歩き回り、生徒が話し合っている間は決して答えを提示しなかった。問題に対する答

(11)　これとほぼ同じ結果が、ハーバード大学のエリック・マズィヨー（Eric Mazur）教授の実践から得られている（『最高の授業』の三〇～三二ページ、および一〇九～一一二ページを参照）。

えが正しいかどうかは、生徒自身が取り組み、考えた結果によってクラス全体で判断してほしいと思った」

また、生徒に発言を求めると、その考えを修正するのはクラス全体での共同作業のようになった。生徒は「分からない」と言わなくなり、「どうして分かったのか?」とか「なぜなのか?」と問いかけるようになっていった。

生徒の理解度に差が見えたとき、ボハセックはミニ講義を挟むことにした。ある授業で、生徒が上や右といった二方向に動く物体を分析しているとき、多くの生徒が複合モーションを分析しようとしていることに気づいた。そこで彼は、一旦活動を止め、それぞれの方向を別々に分解するほうが簡単であることを説明した。すると生徒は、すぐにホワイト・ボーディングに戻った。

この方法は講義をするより時間がかかるが、生徒の習熟度合いがはるかに深まることになる。生徒の学力向上は劇的だった、とボハセックは言っている。この方法を実施してから、FCI(三八ページ参照)の点数が三三パーセント上昇し、APの点数も二七パーセント上昇している。

ニュージャージー州のリンデンで化学と生物を教えているケリー・ギャラガーは、「教師になった初日から自己否定的だった」と言っていた(二〇一六年五月一二日面談)。彼女自身、高校生のときには理科が好きになれなかったので、自分が「耐えてきた授業」を生徒に受けさせることとをためらっていたのだ。

生徒が退屈して、夢中になれていないと感じたとき、真っ先に自分自身のことを責めた。彼女自身が「最悪の年」と呼ぶ教師一年目、ケリーは本を読み、調べ、ほかの人の授業を取り入れ、生徒が夢中で取り組むようになるためにはどうすればよいかと考えて過ごした。

彼女は、講義もしなかったし、参考書として使う以外に教科書も使わなかった。彼女がやったことは、質量や気体の法則を理解するための典型的な高校化学の実験を、ティーンエイジャーの生活につながるような実験に変えただけである。

彼女の生徒は、さまざまなタイプのポップコーンを調べて、ポップコーンが弾けるときに蒸気として出る水分量を計測したりした。また、ガムの質量が、噛む前と後ではどのように変化するのかについても調べた。

「生徒が口にした言葉は、『えー、ウソ。軽いよ』、『そう、砂糖を飲み込んだのよ』といった調子で、何が起きているのかは分かっていないような感じであった」

生徒はまた、自宅の台所で、たんぱく質、ブドウ糖、脂質を使った擬似嘔吐や下痢を再現してみたりもした。

「授業において私は、一〇分以上は話さない。指示をして、ねらいを伝え、さあやってみよう！と言うだけであった。そのほうが楽しいから」

私の経験はケリーのものに近い。ヘイクの「力学概念指標」や彼の研究には馴染みがなかったが、私も高校の社会科の授業は退屈だと思っていた。やっていたことは、話を聞き、文章を読み、数えきれないほどの名前や年号をノートに書き写し、それらを覚えることだけだった。シミュレーションやディスカション、そしてより深く考察する機会はほとんどなかった。

私が歴史を教えはじめたときに愕然としたのは、私自身がほとんど何も覚えていないことだった。しかし、アメリカ史について何も覚えていなかったことは、私にとってはとても意味のあることとなった。つまり、私の先生がやっていたことは何の効果もなかったということを、私に気づかせてくれたからだ。

効果的な指導方法を生みだしたり、見つけだすことには時間がかかる。試行錯誤の連続だし、終わりがない。各科目とも、毎年ゼロからスタートしなければならない。一三年間で私が教えたのは、英語、新聞出版（ジャーナリズム）、経済学、心理学、アメリカ史、アメリカ政治、人権擁護、APマクロ経済、APミクロ経済、AP心理学だ。必須科目ではなく、普通レベルの「人権擁護」の授業をより面白いものにすることは、ジャーナリズムや経済学の授業を面白いものにするのとは少し異なる。「人権擁護」はケース・スタディーが主となる授業だし、ジャーナリズムはもともと実務的であり、楽しいものだ。一方、経済学は、ほとんどの学校においてもっとも退屈な、講義中心の授業になることで有名な科目である。

「ティーンエイジ・ワールド」で成功したあと私は、「アメリカ政治」の授業では、州の学力スタンダードの一覧や教科書に載っている、数えきれないどうでもいいような事実（たとえば、上院の採決での協議打ち切りの規則など覚えていますか？）から、より広範な問題に授業の重点を移そうと決めた。そして、授業の目標を次の二つに絞った。

❶政治システムがどのように動いているかを理解すること。

❷この国が直面している政治的な問題に関心をもつこと。

私は、すべての生徒が選挙に行き、投書をし、反対し、活発で熱心に参画する市民になってほしいと思ったし、そのことに関係のない内容はすべて授業から排除しようと思った。すると、事実を記憶することに代わって生徒は、擬似政党を組織して、議会宛に手紙を書くといったことをしはじめた。また、学校における持ち物検査の合憲性について争った最高裁の「サフォード対レディング裁判」（二〇〇九年）の再現を試みたりもした（第5章も参照）。

生徒は、教科書に書かれていることのすべてを覚えるとはかぎらないが、一三歳の少女がイブプロフェン（鎮痛剤）を持っているかどうかについて、学校が彼女の服を脱がして取り調べたことに対してひどく怒っていた。そして、政治システムについて深く関心をもつようになり、自分たちの感情を率直に表現するようになった。

「なぜ、学校はそんなことができたのか？」
「捜査令状はいらないのか？」
「誰がそんな法律をつくったんだ？」

今こそ行動するとき

最近、私の研修に参加していた高校教員のグループに、アクティブ・ラーニングの考え方が退屈という問題をいかに解決するかについて執筆中（つまり本書）であると話したところ、そのうちの一人がすぐに反応した。

「なぜだ？　我々は退屈であることを我慢している。生徒にも、そのくらいの忍耐力はもってもらいたい」

これは深刻な問題提起だ。これまで、私たちは何とかやって来た。講義やワークシート、マークシート試験からも学ぶことはあったはずだ。そして、おそらく私たちは、規律正しさや忍耐力といった価値のあるものを身につけた。しかし、問題の本質は、次のような問いかけのなかにあると思われる。

「高校教育は忍耐力テストでよいのか？」

「高校は、真の学びと成長の機会にすべきではないのか？」
「集中力が切れてしまった生徒に講義をして、よく学べないことを責め続けていいのか？」
「小グループのディスカションに夢中になって取り組んでいる生徒を見たくないのか？」
「学ぶ動機をもった一部の生徒だけに機能するといった学校システムでよいのか？」

私は、このような教育システムでは今後やっていくことができないと確信している。学校外の世界は過去二〇～三〇年で劇的な変化を遂げているし、そのような変化は無視できないところまで来ている。

第一に私たちは、すべての生徒が必要な学力を身につけ、高校を卒業していけるように動機づける必要がある。私たちの社会は、人口増加に追いつかない水不足や食料、健康保険といった複雑な問題に直面している。また、それらの問題は、私たち市民が熟考することにより、新しい解決策を見いだすことが求められている。私たちは、多様な視点をもち、自分の意見を効果的に伝えることができ、他人と一緒にうまく働くことができる、思いやりをもった大人を育てなければならないのだ。

さらに、問題を解決し、テクノロジーを使いこなせる大人も必要だ。一九八五年、私が高校を卒業したときは、アメリカの製造業はすでに衰微（すいび）の時期に入っていた。それでも、製造業には一八〇〇万人の雇用があった。自動車製造ラインや繊維、コンピューター、家具などである。しかし、二〇一四年には一二三〇万人の雇用しかなく、それらの職業の多くは、ロボット操作などハイテク技能が要求されるものとなっている。三〇年前に比べると、有能な市民になるために求められるスキルは、はるかに高度なものとなっているのだ。

第二に、学校外の世界は過度に刺激的なものとなり、誰でも、いつでも、アクセスできるものになってきたことが挙げられる。私が学校で退屈していたころは、友だちにメモ書きの手紙を回したり、週末の予定を考えたり、右肘で頭を支えて居眠りをしていたものだった。今の生徒には、スマートフォンの画面上で、指一本で思いのままとなる魅惑的な気晴らしの世界がある。

メモ用紙の手紙はもう必要としない。生徒は「Snapchat」で写真を共有し、コンサートのチケットを買い、新しい靴を注文し、授業中にYouTubeで猫のビデオを見ていたりする。もちろん、堂々と見ているわけではなく、教師の目をかいくぐって見ている。

インターネットが脳に与える影響について多くの論述を行っているニコラス・カー（Nicholas Carr）は、このような電子メディアの誘惑は抗し難いものとなった、と述べている。

「インターネットは、テレビやラジオ、新聞よりもはるかに強力に我々の関心をコントロールしている。（中略）今の若者は、起きている間、ほぼ数分ごとにテキスト・メッセージのやり取りをしている」［参考文献19］

退屈した生徒は、ソーシャルメディアを使うことで脳のドーパミンの噴出量を引き上げているかのようだ。考え事をしたりして気を紛らわすことでは太刀打ちできない。教室で学ぶことの代替物として、魅力的なものとなってしまっているのだ。それらと同じくらい魅力的な教育を提供することができなければ、生徒は見向きもしてくれないだろう。

クアグリア研究所（Quaglia Institute）の主任研究員であるマイケル・コルソと彼の同僚は、高校の教室における「エンゲイジメント[12]」がどの程度か、そして、それがなぜあまりにも低いのかについて研究を行った。コルソが次のように言っている。

「エンゲイジメントのレベルは、小中高と学年が進むにつれて低下している。一つの理由として、学校が物事を学ぶ場所として独占的な地位を失っていることがあるだろう。以前、学校は、好奇心にあふれる若者が夢中になって学ぶ場所だった。ソーシャルメディアやゲーム、テレビ、音楽、映画へのモバイルアクセスが増加することによって、これらのメディアは、生徒の興味と関心を集めることに躍起になっているようにも見える。子どもたちが熱中するものを提供することで巨額の利益を上げている企業からすると、考えうるかぎりのリソースを使いたいと考えるだろう」

［参考文献25］

（12）ある活動や仕事に夢中になって取り組んでいる程度のこと。

第三の理由は、私たちが誤った方向に進んでいる危険性があるということだ。実は、学校は以前よりも講義中心になっている。学習意欲が低い生徒が夢中になれる学びを、学校で見いだすことがより困難になっているのだ。アブラハム・ミューロ（三ページ参照）が語った、唯一夢中になった自動車の授業のことを覚えているだろうか。

「実習があって、実践的な授業だった。（中略）学びたい、車をいじりたい、そんなふうに思わせる環境があったね」（二〇一六年九月一三日面談）

ミネソタ州の私の高校では、今、彼が取っていたような授業は選択できなくなっている。多くの進学校では、職業訓練的な授業は提供されなくなっているのだ。国中で、実習を中心とした学びの環境は少なくなっている。一九六六年にアメリカの公立高校の教師が指導に費やした時間は、家庭科五・九パーセント、工業デザイン五・一パーセント、音楽四・六パーセント、農業一・六パーセントであった。一七パーセントを超える時間が、実践的で非講義型の授業にかつては使われていたのだ（体育を含まず）。

これが二〇〇一年には、約六・一パーセントに減少している［参考文献108］。私は、これらの特殊な科目を復活させよ、と言っているわけではない。生徒を引き込むことができる、双方向型の授業をもっと実施すべきではないかと言っているのだ。

第四は、脳や認知に関する研究が進んできたことである。類いまれなる力をもった教師の授業でも、一五分を過ぎると生徒の集中力が下がることは分かっている［参考文献100］。先にも触れたが、生徒たちは、聞くだけだったら内容の七〇パーセントを忘れてしまう。認知心理学者であるヘンリー・ローディガーとマーク・マクダニエルは、ピーター・ブラウンとの共著である『使える脳の鍛え方――成功する学習の科学』（依田卓巳訳、ＮＴＴ出版、二〇一六年）のなかで、学びはひどく誤解されていると述べている。たとえば、「繰り返しがあれば早く学べる」、「簡単で早い学びは、ゆっくりした困難な学びより望ましい」、「一つのことに集中する（詰め込む）ほうがよく学べる」といったようなことである。実際、生徒は、「答えが示されるまでに、自分自身で新しい問題と格闘するための時間が与えられたほうがよく学べる」ことが分かっている。［参考文献17］

たとえば、教師が外貨との交換（一ドル＝八ペソ）について教え、問題を解かせたとする（三ドルあれば何ペソに交換できますか）。しかし、実際の場面に当てはめて深く考えることがなければ、この知識は定着しない。外国で買いたいものがあって、それを買うために外貨との換算をするというシミュレーションを実際にやってみないと、生徒はその知識を十分に定着させることができない。

五番目の理由として、私たちが伝統的に行ってきた教授法は、生徒に身につけてほしいと思っている力をつけるための方法としては決して相応しいものではないということが挙げられる。事実や年号をすぐに言えたり、指示に従って読んだことを要約し、公式を使うことができたりする生徒に育てたいのであれば、伝統的な教授法で目標を達成することはできるだろう。ただし、それができるのはごく一部の優秀な生徒だけであろう。

しかし、今の生徒が必要としているのは、多くのビジネス、政治、教育界のリーダーたちも合意しているとおり、「二一世紀スキル」(13) なのだ。創造的に問題を解決する力、クリティカルな思考力、コミュニケーション力、協働する力、メディア・リテラシー、テクノロジー、多文化理解の力である。講義を聞いて、マークシートの試験に答えているだけでは身につくことのないスキルばかりである。

さあ、はじめよう

本書の以下の章では、五つのアクティブ・ラーニングの手法を紹介する。退屈さを打ち破り、高校生における、エンゲイジメントのある主体的な学び、動機づけ、学力の向上に資する指導方法である。とはいえ、本書は単なるハウツー本ではない。生徒が夢中になって学ぶ教室をつくることは、実に魅力的な活動である。時間、努力、想像力、リスクをとれること、そして管理主義的な教育を捨てることなどが求められる。また、何にでも挑戦するといった気概や健全な批判的精神も必要となる。当然、本書に対してもそれは同じである。

アクティブ・ラーニングの手法は、すべての分野、すべての教室で効果があるわけではない。すべてがうまくいくわけではないし、アクティブ・ラーニングと呼ばれる活動でも時間の無駄と言えるものがある。そもそも、アクティブ・ラーニングという言葉自体が的確に定義できているのかどうかさえ分からない。そのため、ここでは事例を紹介することを通して定義してみようと思う。私は、伝統的な指導方法から離れることがすべての生徒のためになる、と信じている。しかし、事はそう簡単ではなく、考えておくべき課題がたくさんある。

❶エンゲイジメントは学びの必要条件だが、十分条件ではない。重要なのは、単なるエンゲイジメントではなく、意図がはっきりしたエンゲイジメントである。曲芸的なことをしたり、お金をわたしたり、カラオケをしたり、学校の不公平な規則について不平不満を言わせたりすることによっても生徒の関心を惹くことはできる。

---

(13)　または「ソフトスキル」と呼ばれているものである。「ハードスキル」は、従来のテストで高い点数を上げる力のことである。

しかし、私たちに必要なことは、生徒を、意味のある、しっかりとした学習課題に向かわせることのできるエンゲイジメントである。そのような活動は、やりがいのあるものであり、生徒に迎合するタイプの「お楽しみ」とは異なる。健全な懐疑主義をもって、高いレベルの授業を保ちたい。

❷テクノロジーが答えであると安易に考えるべきではない。本書でも、テクノロジーとアクティブ・ラーニングを統合する提案は行っているし、実際、テクノロジーが非常に有益な場合もある。とはいえ、テクノロジーそのものが重要なわけではない。エンゲイジメントにおいて、テクノロジーが重要だったと答えた生徒は一一パーセントにすぎなかった。

ノートの代わりにアイパッドを使わせるといったことだけでは、生徒を学びに向かわせることはできない。基礎的な知識や語彙を単純に覚えるドリルであれば、コンピューター上でやろうが、紙の上でやろうが、退屈であることに変わりはない。

❸極端に走らない。教育は「二一世紀スキル」を育てるためのものであるが、そのためだけでもない。第二次世界大戦の連合国はどこか、加速度はどのように測定するのかといった基本的な内容を落とすことなく、シミュレーションやディスカション、PBLといった活動をつくらなければ(14)

ばならない。

❹単純な二項対立に陥らないようにする。**表1－1**（二五ページ）で紹介したように、生徒の責任と教師の責任を明らかにして、問題点を指摘することは簡単だ。優れた生徒は誰からでも学べるし、優れた教師は誰に対しても教えることができる。しかし、私たちにとって難しいのはグレーゾーンにいる生徒である。結果的に生徒全員を動機づけられなかったとしても、一人でも多くの生徒を巻き込み、やる気にさせることができれば、それは一つの成果だと言ってよいであろう。

講義とアクティブ・ラーニングを、単純に対立するものとして見てしまいがちである。「毎時間ディスカションをするなんて私にはできない」と言いきるのではなく、「時にはやってみよう」とか「今やっているよりも、少しでも多くやってみよう」というように考えたい。研究によると、英語（日本の国語）の授業での自由ディスカションの割合は、六〇分につきわずか一・七分にすぎない。「すべての時間でディスカションをする」といった極端に走らず、できることからはじめるという姿勢が必要である。

（14）　PBLには二種類ある。「プロジェクト学習（Project-based learning）」と本書の第4章で扱っている「プロブレム学習（Problem-based learning）」である。詳しくは第4章を参照。

❺アクティブ・ラーニングを効果的に実践できるようになるには、研修や練習、そして、やはり自分自身が体験してみることが必要である。オンラインで（あるいは本書で）シミュレーションについて読んでも、実際に体験してみることと比べれば効果的とは言えない。

私は、あるワークショップで、第5章で紹介する「エコノランド」というシミュレーションを体験した。そのときの経験がなかったら、自分の授業に取り入れることはなかったはずだ。起業や新聞の出版といった活動において生徒の学びを支援できたのは、私が受けたジャーナリズムの授業を教える先生、つまり専門家のやることを観察してきたからである。

また、私は、ピーター・ボハセックの教室にずっといたことがきっかけで、ＡＰマクロ経済の授業でホワイト・ボーディングを使いはじめた。私たちは、お互いに学び合わなければならないということだ。

第3章 ストーリーテリング——心動かす物語の強み

トムは、聖ヨハネ地域病院において初めてのシフトに入るという新しい医学実習生だった。数時間に及ぶ生体反応の点検と通常の治療のあと、後日、彼自身が心に深い傷を負うことになる最初の患者がやって来た。トムと同行したグリーン医師がストレッチャーを押して外傷センターに入るとき、救命救急士が生体反応の数値を読みあげた。

「一八歳、男性、右下腹部に銃による負傷、心拍数92、呼吸22、血圧96－65、意識はある」

外傷センターに入るとグリーン医師は、患者の初期評価を開始し、[1]必要になると思われるものをトムが準備した。彼は、患者の人差し指にパルスオキシメーターをつけた。これでグリーン医師は、患者の血液中の酸素濃度を注視することができるようになった。そして、尿道カテーテルを挿入したことで患者の尿が貯留され、観察できるようにもなった。

初期の役目を終えたトムに、グリーン医師が次のように話した。

「弾は肝臓と腎臓は外れたようだが、動脈を切断したかもしれない。血圧が少し低いのはこれが理由だろう。トム、生理食塩水を一リットル準備して、急速注入で点滴をはじめてください。血液量を増やす必要がある」

トムは近くの棚から未使用の点滴を取り出し、12ゲージの点滴針をプラスチックのチューブにつないだ。針を静かに、患者の前肘静脈に入れた。そして、点滴の袋をスタンドに掛け、液体を管の中に落としたところ、患者の血管に入っていった。

突然、激しい反応が起こった。患者の心拍数が急上昇し、グリーン医師が叫ぶのが聞こえた。

「酸素飽和度が低下している！　脈が早くなっている。何が起きているんだ？」

トムは動くことができなかった。グリーン医師が言葉を続けた。

「脈がない。トム、緊急カートを持ってきてくれ。蘇生のために電気ショックが必要だ！」

ショックから立ち直ったトムは、グリーン医師の指示に従った。彼は、心肺機能蘇生をはじめた。そのときグリーン医師は、患者にショックを与えるために心臓除細動器（ＡＥＤ）の準備をはじめた。二人は、ほぼ一時間心肺機能蘇生と心臓除細動を交互に行ったが、その効果はなかった。グリーン医師が死亡時刻を言ったとき、トムは鳩尾（みぞおち）あたりに不快なものを感じた。彼にとって初めての患者を死なせることになるとは思ってもみなかった。そのとき、トムは尿道カテーテル袋の液体が真っ赤なことに気づいた。

「グリーン先生、袋の中にヘモグロビンがあります」

「なぜだ？」と、グリーン医師が言った。

　手順を振り返ってみて、トムは血色素尿を引き起こすようなことがなかったかどうかを考えた。突きあげてくるような恐怖は、空になった点滴の袋を見たとき頂点に達した。「生理食塩水」ではなく「蒸留水」というラベルが貼ってあったのだ。

　トムはグリーン医師を見て、心が沈み込むのを感じながら、「私が患者を殺してしまったかもしれません」と言った。［参考文献76］

ミネソタ州にあるヘンリー・シブリー高校の生物教師であるジェン・ニパートとエリック・フライバーグは、この物語を一〇年生に対して行う「拡散と浸透」という授業の導入部分に使っている（二〇一六年九月一四日面談）。

（1）（pulse oximeter）検知器（プローブ）を指先や耳たぶなどに付けて、脈拍数と経皮的動脈血酸素飽和度（SpO2）をリアルタイムでモニターするための医療機器。

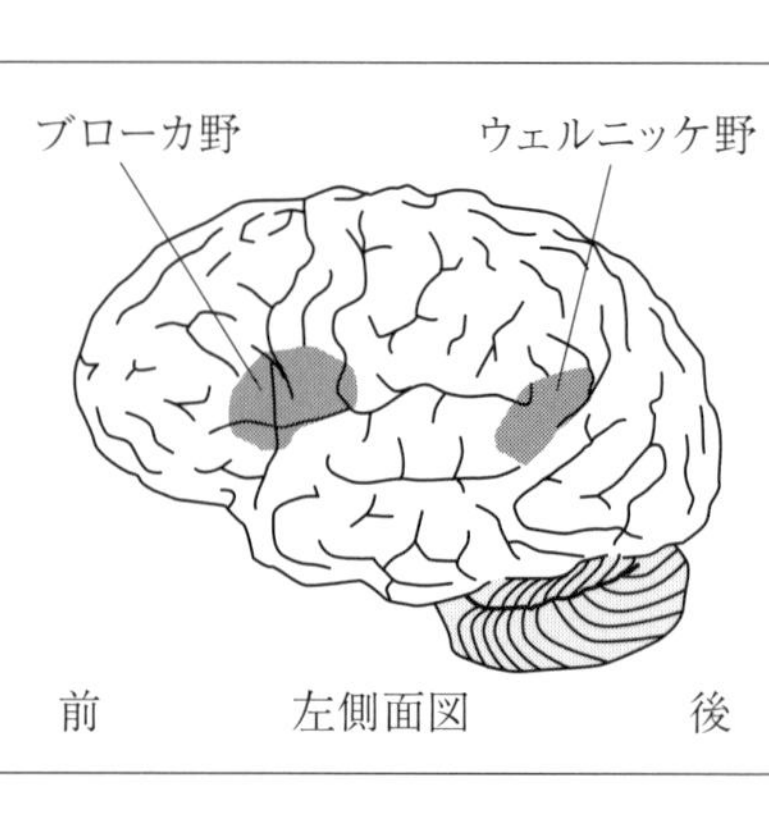

「これまで一九年間、拡散と浸透を理解できた生徒は一人もいなかった」と、ニパートは言う。彼女はある研究会でこのストーリーを知り、地域に合わせて書き換えたうえで教室において使いはじめた。

「生理食塩水ではなく、蒸留水をぶら下げてしまった。そして、患者は死んだ」と、ニパートは言った。「こんなことは起きるはずがない。しかし、生徒はストーリーの細部に関心をもった。生徒がこれらの概念を学ぶことができたのは、生徒の心が強く揺れたからにちがいない」

このような物語は、心を揺らすだけでなく、人間の脳に通ずる仮想的な入り口を開くものであると言える。データ満載の講義を聞くと、脳の言語にかかわる二つの部分である「ウェルニッケ野」と「ブローカ野」が活性化する。一方、物語を聞くことで出来事が視覚化され、感情的につながりをもつことができた場合は、さらに六つの部位（視覚野、嗅皮質、聴覚野、運動野、知覚皮質、小脳）が活性化する。［参考文献85］

救急治療室での医療ミスの話は、生徒の興味を引き出すことになった。「なぜ蒸留水だと患者は死に、生理食塩水では死なないのだろうか？」と、生徒は思ったはずである（答えは、浸透と患者の細胞、そして液体間の浸透圧を維持することに関係する。蒸留水はより低い浸透圧をもつため赤血球に大量に流れ込み、破裂させたのである）。

結果的に、生徒の興味や関心、取り組む姿勢、学習成果において劇的な変化があった。シブリー高校で生物を学んでいる生徒は、春に行われた州の学力テストにおいて、ほぼ同じ規模の学校の生徒よりも二〇点以上高かった。ここの教師はストーリーテリング以外の方法も使っているが、生徒を惹きつけるうえにおいてストーリーテリングが重要な役割を果たしていることが分かる。

ストーリーテリングとは何か？

ストーリーテリングを授業に使っても、従来の講義型授業と何ら変わりがないように思うかもしれない。しかし、効果的なストーリーテリングの場合、箇条書きで、バラバラで、退屈なパワーポイントの画面を使った講義とはまったく違ったものとなる。ストーリーテリングにはプロットがあり、「序」、「中盤」、「終局」といった筋書きがある。また、ストーリーには人とアクションが存在する。事実や日付、データといったものの羅列とはまったく異なるのだ。さらに、ストーリーには対立があり、その解決がある。

聞き手の脳では次のようなことが起きている。ストーリーを聞いてテンションが上がるとき、脳内にコルチゾール(2)が湧き出し、「そんなバカな」といった反応が出て、我々はストレスを感じることになる。

「この患者は死ぬんだろうか？　何を間違えたのだろう？　この新人医師は職を失うのだろうか？　私だったらどうするだろう？」と。

　このケースでは、物語が結末に近づいたら、これはフィクションであって想像したようなことは起こらないと気づき、ほっとする。そして、オキシトシンが分泌されるのだ。このような体験をすれば細かなことまで覚えているものだし、何年経っても決して忘れることはないだろう。講義のときに耳に入ってくるような、関連性が見えず、記憶に残りにくい知識とはまったく異なるのだ。［参考文献85］

　誰でもそうだが、私は面白い話を聞くことが大好きだ。もちろん、それは生徒も同じだろう。面白い話やワクワクするような話を聞いたとき、明らかに生徒の動きが変わる。見上げたり、席で前かがみになったり、笑ったり、じっと聞き入ったりする。このように生徒たちが夢中になって聞いてくれるので、より話したいという気持ちになる。しかし、私は、高校生を夢中にさせるのにストーリーテリングが役立つということには長年気づかなかった。

　ストーリーテリングを研究した心理学者は、物語は我々の人生におけるさまざまな出来事に意味を見いださせてくれる、と述べている。ノースウエスタン大学のロジャー・シャンク（Roger Schank）とエール大学のロバート・アベルソン（Robert Abelson）は社会認知分野のリーダーと言える二人だが、二〇年以上も前に、物語はすべての記憶、知識、人との交わりに関する「積み木」のようなものだと述べている。

「ストーリーテリングは偶然起こるものではない。私たちが何かを記憶に留めておきたいと思ったときに、話さざるを得ないと感じる行為なのである」［参考文献94］

さらに、ウェイン州立大学のクレイグ・ローニー（Craig Roney）教授は、「口頭によるストーリーテリングは、人間文化のなかで最強のコミュニケーションの形と言ってもよいだろう」とまで言っている。

私たちが、声やボディーランゲージ、顔の表情などを使って語り聞かせをすると、物語は双方向性をもち、生き生きとして、聞き手との間で心が通うものになる。そのやり取りは、語り手と聞き手の一期一会とも言えるもの、二度と再現できないものとなるのだ。［参考文献90］

ストーリーテリングは、教師が生徒を惹きつけるための強力なツールとなる。教室においては、

（2）ストレスを受けたときに分泌量が増えるストレスホルモンの一種。一方、オキシトシンはストレスを消し、多幸感を与えてくれるホルモン。

時間をかけて物語を収集したり、生徒が知っている物語を生徒同士で伝え合ったり、授業活動の一つとして物語をつくったりすることができる。

ジョージア州チャンブリーで二三年間歴史を教えてきたスティーブ・ルビーノは、授業の中核に物語を据えてきた。つまり、年号や出来事、そして人物名を覚えるだけといった典型的な歴史の授業を捨てたのだ（二〇一六年六月九日面談）。

ルビーノは、「教室にロッキング・チェアーを置いていたんだよ」と言った。それを揺すりながら物語を語るというのだ。

「『次何が起こると思う？』、『みんながベネディクト・アーノルドだったらどうする？』などといった私の質問に答えながら、生徒は夢中で聞いたものさ。いつも生徒には、物語に浸るには自分自身が物語の場面にいるかのように考える必要がある、と話している。『君たちならどうする？』と問うことで生徒は、歴史がほんの少しだけど自分に関係のあるもののように感じられるんだ」

新しい情報であってもストーリーテリングだと容易に理解できるのは、子どものころからずっとなじんできた物語形式で語られるからだ。『私たちの頭脳は物語を理解するためにつくられている（Minds Made for Stories）』の著者であるトーマス・ニューカーク（Thomas Newkirk）は、歴史や科学などジャンルを問わず、文章を読むときには物語形式が必要であることの理由として、次のように説明している。

「光合成も物語。環境破壊も、癌も、すべて物語だ。筋書きがあって帰結がある。あらゆる現象が物語で語られたとき、読者はその情報をより良く理解する」〔参考文献78〕

ニューカークは、読み書きだけでなく、話すことや聞くことについても同じだと考えている。聞いたことを理解するには物語が必要だし、スクリーン上で観たものを理解するときもそれは同様である。『マネー・ショート 華麗なる大逆転』(3)という映画を観ることで、突然、サブプライム・ローンのことが理解できるようになるのと同じだろう（もちろん、それを認めるという意味ではない）。エピソードが時系列で示されるだけでは、ほとんど理解できないはずだ。

救急治療室での医療ミスのような話は、授業の導入としても、討議や探究活動のテーマとしても使える。三〇秒程度の逸話や説明を行うことも、深く印象づけるために使うことができる。物語は、教室内に信頼関係や学び合うコミュニティーをつくる手段ともなる。教師が自分自身の物語を語ることで、生徒も安心して自分の物語を語れるようになるのだ。

(3)　原題は「The Big Short」。二〇一六年に公開された、リーマンショックの真実を描いたアメリカ映画。アカデミー賞脚本賞を受賞したが、経済用語が飛び交い、難しいと感じる意見もあった。

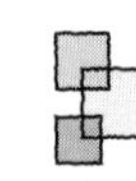

なぜ、ストーリーを使うのか

私は抽象的な話が好きだ。また、第2章の冒頭で紹介した「自然状態」のような概念も好きだ。私は、文脈や登場人物、物語の筋などがなくても内容を楽しむことができる。しかし、多くのティーンエイジャー（そして、多くの大人）にとっては、抽象的な概念は理解し難いものとなっている。「明日、学校に何を着ていこう?」とか「テストに何が出るだろうか?」といった日常生活の差し迫った話題でもないかぎり、自らにとっての関連性も重要性も通常は見いだすことができないだろう。抽象的な思考は思春期に発達するものだが、一四歳の段階では、まだ前頭葉皮質が十分に成熟していないのだ。

浸透や消費者余剰、音波、アメリカ合衆国憲法修正第1条[4]の制限事項などについて複雑な内容を紹介するとき、多くの高校生は難しいと感じるだろう。しかし、物語を使えば、難しい概念を分かりやすい言葉に置き換えることができるし、言葉を補ったりすることで理解が可能となり、興味深いものにすることができる。

私は一四年にわたり、人権擁護とアメリカの司法制度について学ぶことを目的とした中学と高校の選択授業「人権擁護」を教えてきた。その授業における試行錯誤のなかで私が学んだことは、生徒が司法についての複雑な問いを理解できた、あるいは理解しようと思ったのは、人の興味をそそるような話が含まれているときだけだった。しかも、その話は、詳細かつ具体的なもののほうがより効果的であった。

私たちは多くの時間をアメリカ合衆国憲法修正第1条に費やした。この問題が、六つの権利（国教の樹立禁止、宗教の自由、言論の自由、出版の自由、平和的に集会する権利、苦情の救済を求めて政府への請願権）を含むからである。私は生徒に、「言論の自由に制限をかけるべきか？」といった問題について深く考えてほしいと思っていた。このような問いかけに対する生徒の反応は、いつも「ノー」であった。生徒は、国も、法律も、国民の権利も、正しいものであると教えられてきている。それらに制限事項がある道理がない、と感じたはずである。

しかし、アメリカ国旗（星条旗）の炎上物語である「それは何のためのものか（For Which It Stands）」というビデオを観せると、生徒たちは薄っぺらな知識を超えて制限事項の重要性について議論をはじめた。

このビデオは、自称「革命的共産主義者」であるジョイー・ジョンソン（Joey Johnson）を取

(4)　国教の樹立を禁止し、宗教の自由な行使を妨げる法律を制定することを禁止した条文（一七九一年）。また、表現の自由、報道の自由、平和的に集会する権利、請願権を妨げる法律を制定することも禁止している。

り上げたものである。そのなかで彼は、第四〇代レーガン大統領（Ronald Wilson Reagan, 1911〜2004）の愛国主義的アピールに対して、アメリカ帝国主義や国旗保護法に反対の立場から、一九八四年に開催された共和党大会の会場の外で国旗を燃やした理由を自らの言葉で語っている。［参考文献37］

このビデオから、ジョンソンのベトナム戦争期の子ども時代の経験や彼の哲学、そして国旗を燃やした理由を知ることができる。逆に、国旗が燃やされたことに対する退役軍人の嘆きの声を耳にすることもできるし、デモ参加者がニュース映像のなかで、「赤、白、青の旗よ。お前に唾をかけよう。お前は略奪のシンボルだ。お前は、これから堕ちていくのみだ」と言っていることも聞くことができる。

このビデオは、ジョンソンの反抗をよりリアルなものに感じさせた。そして、無視できないもののようにも感じさせた。なかにはショックを受けた生徒もいるし、ジョンソンは捕まったのか、あるいは逃亡したのかについて知りたがった生徒もいた。

「なぜ、彼は今でもアメリカに住んでいるんだ？」とか「気に入らないなら、出ていけばいいじゃないか」と話す生徒もいた。そのほか、「国旗を燃やすことよりも言論を罰することのほうが悪質だ」という声もあった。

ある年、二人の生徒が「国旗ケーキ」を焼いて、それをクラスメイトに振る舞ったことがある。

国旗への冒涜が違法であるなら、独立記念日（七月四日）に行われる幾多の伝統行事も違法であることを伝えたかったからだ。

ピーター・コールは、二〇一一年度に私の授業を受けていた生徒だ。彼は、ジョンソンの行動に非常にショックを受けたことが忘れられないと言う。それでも彼は、「国旗を燃やすことが違法かどうか結論を出せずにいる」と言っている（二〇一六年一二月二二日面談）。彼がもっとも感銘を受けたのは、ジョイー・ジョンソンという実在の人物がいたことであった。そして、「テキサス対ジョンソン判決」(5)が、学ぶための教材ではなく、実在の人物がかかわった本当の論争であったことだ。

「原告には従うべき原則があり、それについて争い、最終的に最高裁判所まで来ることになった」とピーターが言う。「この授業で人権擁護について学んだことは、私たちがどのような権利をもっているのか、そして、それらがどのようにして拡大していったかだけではなく、それらの権利が拡大していった過程がどのようなものであったかについてである」

「テキサス対ジョンソン判決」というこの注目すべき最高裁判所の結論は、賛否いずれの立場の生徒にとっても非常に大きなインパクトを与えた。結末を聞く前に授業の終わりを告げるチャイ

(5)　一九八九年、表現行為としての国旗焼却に刑罰を科すことは憲法違反としたアメリカ最高裁判所の判決。

ムが鳴ったりしようものなら、授業終了後、生徒たちは教卓の周りに集まってきて、その続きを聞きたがったものだ。

「彼は刑務所に送られたのか?」

「国旗を燃やすことは、今は違法だよね?」

「あなたが火をつけるとしたら、それは、今学んできた目の前にある危機と矛盾するのですか?」

判決文を全員で読んだ。読むことが苦手な生徒も、難解な法律用語をなんとか読み解こうとした。どうしても「答え」を知りたかったのだ。

ブレナン判事(Jr. William Joseph Brennan, 1906~1997)の有名な発言として、「修正第1条に根底となる原理があるとすれば、政府は、社会がいかに不快で、賛同できないと感じる考え方があったとしても、それを理由に表現の自由を制限することはできない」というものがある。物語の面白さがなかったら、生徒はこの発言の意図をあれほど夢中になって読み解こうとはしなかっただろう。[参考文献20]

この物語があったので、またブレナン判事の言葉があったので、生徒の修正第1条に対する理解が進んだと言える。そして、さらに多くの問いを生徒にもたせることになった。

「国旗を燃やすという行為は表現と言えるか?」

「国旗を燃やすことで、暴力行為を引き起こすとすれば、人を危機にさらす行動と言えるのでは

「古い星条旗を引退させるときに燃やすことが認められているとすれば、今回の行為がなぜ罰せられるのか？」

「十字架を燃やすことも同様に擁護されるべき表現方法なのか？」

ジョンソンは裁判に勝利した。これによって、四八州の国旗擁護法令も覆ることとなった（ドナルド・トランプがこの議論を蒸し返そうとしているので、しばらくは注目しておきたい）。

高校の教師は、物語を重視することに抵抗があるようだ。なぜなら、物語は小・中学生にこそふさわしい方法であり、時間がかかると思っているからだ。しかし、政治家も、弁護士も、企業人も、人々を惹きつける物語の力を知っている。

タイ・ベネット（Ty Bennett）は、ビジネス・リーダーたちにセールスの手法をコーチしてきた演説の名手であるが、聞き手を惹きつける物語は、聞き手のミラー・ニューロン(6)を活性化す

（６）　ミラー・ニューロンは、自ら行動するときとほかの個体が行動するのを見ているとき、両方で活動電位を発生させる神経細胞のこと。ほかの個体の行動を見て、まるで自身が同じ行動をとっているかのように、「鏡」のような反応をすることから名づけられた。他人がしていることを見て、我が事のように感じる共感（エンパシー）能力を司っていると考えられている。

るものであると説明している。そのことによって、ある物語が自分自身に起きたような感覚をもつのである。

「生徒が、そのような体験を通して今まで分からなかったことが突如分かるようになったとしたら、物語の結末は生徒自身のものとなるだろう。もはや、その経験は他人事ではなく自分自身のものとして吸収し、取り入れることだろう。そうすることで、生徒はあなたの言うことや掲げる目的に耳を貸し、興味をもってくれるようになるのだ」［参考文献10］

ベネットは、単なる事実よりも物語が人々を惹きつける理由として次の七つがあると言っている。

❶物語は、語り手と聞き手が共有するものである。
❷物語は、イマジネーションや感覚に火をつける。
❸物語は、自分自身を開示する安全な方法である。
❹物語は、事実よりも記憶に残りやすい。
❺物語は、繰り返し語られる。
❻物語は、聞き手の反応を引き出す。
❼物語は、目的や意味を明らかにしてくれる。［参考文献10］

ベネットの本はビジネスパーソンを対象にして書かれているものだが、これらの理由は高校生を学習に十分夢中にさせるものとなる。高校生と物語を共有したり、高校生があなたに物語を語ってくれたりしたら、共感しあうのにさほど時間はかからないだろう。

心理学の授業において、我が家のダルメシアンの子犬が門を飛び越えようとして失敗し、それ以後、一度も飛び越えようとしなくなり、「学習性無力感」で苦しんでいるという話をしたときに生徒は、親からの褒め言葉が「過剰正当化効果[7]」をもたらし、ギターや読書が嫌いになってしまったという話をしてくれた。このように物語を共有しあうことでお互いのことをより良く知ることになり、共通の土台がつくられるのだ。

私は、教員生活の早い時期に、授業でストーリーテリングを使うようになった。生徒を惹きつけ、複雑な概念を説明するのによい方法だと思ったからだ。生徒は、興味を失うことなく聞いてくれた。しかし、生徒が心の底から熱中していたかどうかは分からなかった。とはいえ、生徒に緊急治療室での医療ミスの話やジョイー・ジョンソンの話をすると、まるで自分自身が医者やジョンソン、旗が燃やされたことで傷つく退役軍人の立場であるかのように考えた。また、昼食のときや家族と夕食を食べながら聞いた話を自分の言葉で語ってくれたが、こうしたことで記憶は

(7)　好きなものに対して過剰な報酬を与えられると、それが好きでなくなってしまうという心理のこと。

強化されていき、決して忘れることがなくなる。

二〇一〇年度に私の生徒の一人だったタオ・ウーは、今でも人権擁護の授業で話し合った「表現の自由」についての判例をはっきり覚えていると言う。ジョンソンのケースはもちろん、ホロコーストを否認する人たちの主張、公然猥褻による二人のテレビクルーの逮捕についても覚えていた（二〇一六年一一月九日面談）。また彼は、これらの判例によってもたらされた深い問いについても覚えていた。

「自由が欲しいとして、表現の自由の対象となるのは何なのか？」

「あなたの自由が他者の自由に影響を及ぼしはじめたらどうなるだろうか？」

タオは、「事実は退屈だ。私にとって、一つの事例をほかの事例に当てはめて考えたほうがずっと理解しやすい」と言っていた。

タオは、ジョンソンの事例については、とくに強く思うことはなかったと言う。彼はアメリカに移住してきたばかりであり、星条旗に対する思い入れがあまり強くなかったからだ。しかし、彼はこの物語から、アメリカの文化や民主主義について多くのことを学んだ。

「ジョンソンがやったことは非愛国的で、アメリカ社会の弱点を写していると多くの人に見られるだろうが、権利の章典のもとで彼は守られるだろう」

さらにタオは続けた。

「一般聴衆にはまったく支持されない、高校中退の共産主義者であるジョンソンのような人物でも守られる仕組みがあることは驚きだった。この世界最強の国には、国に反抗した者の権利さえも守るという仕組みがあるのだ」

ベネットは、物語が私たちの学ぶ目的や意味を明らかにしてくれる、とも述べている［参考文献10］。つまり、教室において物語を使うことは、生徒に自らの問題として考えさせることを意味するということだ。

ジョージア・サザン大学教授のディローレス・リストン（Delores Liston）は、教材が「覚えることとリスト」のようにきっちりと整理され、凝縮された事実だけになってしまったら、生徒は学ぼうとはしなくなるだろうと述べている。［参考文献66］

リストンは、地図帳を使って都市や河川、山脈の名前を教えるだけになっている地理の授業を例に挙げている。「地理が、その地域に生きる人々や社会に関する意味のある物語として教えられたら、その物語は生徒の神経回路や個人の経験と結びつき、意味のある、いつまでも忘れない知識となるだろう」と述べている。

一つのよい方法が、同じ世代の若者についての物語を取り上げることだろう。アンネ・フランク（Annelies Marie Frank, 1929～1945）の『アンネの日記』［参考文献38］やマークース・ズーサック（Markus Zusak）の『本泥棒』［参考文献113］が一〇代の若者の心に響くのはそのような理由からだ。

ニューカーク（六二ページ参照）が繰り返し言っているように、物語は国語や社会科だけのためのものではなく、我々が「学問」と呼ぶものを理解するうえで必須となるものだ［参考文献78］。私たちが法律を、条文だけではなくさまざまな判例を通して教えるものであるとするのなら、なぜ科学を一連の驚きや発見、実験として教えないのだろうか。

世界的に著名な生物学者であり昆虫学者でもあるエドワード・ウイルソン（Edward Osborne Wilson）は、ストーリーテリングに関する論文のなかで自らの講義の様子を紹介している。彼はハーバード大学での科学の授業を、「生命とは何か?」、「生命の意味とは何か?」といった大きな問いからはじめている。それで学生の興味を喚起することができたら、その大きな問いを物語、すなわち小さなドラマに切り分けていく。そこに、試行錯誤のプロセスや生命を吹き込み、前進させるアイディアを見ることができる。［参考文献111］

ストーリーテリングの活用が難しいのは数学だろう。高校の数学は抽象的で理論的なものだ。フィラデルフィアの高校で一八年間教え、現在ペンシルバニア大学教授のスコット・ステキティー（Scott Steketee）は、そのような考え方を変えようとした教育者の一人である（二〇一六年八月四日面談）。彼の考えでは、最初は具体的で分かりやすい例から学習をはじめて、徐々に抽象的な数学の概念に移行していくと生徒はより良く学べるという。

教師は、数学の概念を教えるために、身近な状況、時にはコメディーなども使うことができるとステキティーは言っている。「マサリシャス（Mathalicious）」というオンラインの数学学習サイトにある学習教材「あなたはこうして罰金を科される（You're so fined.）」は、ジョン・オリバーの番組を使って、交通違反やほかの罰金がどのようにしてとんでもない額になってしまうのかについて説明をしている。(8)

オリバーというのは、アメリカのTV局HBOのトークショーである「Last Week Tonight with John Oliver」のホスト役をしている人物で、頭のいいストーリーテラーである。彼は、怒りを露わにしたり、きつい言葉や選び抜いた詳しい内容を取り上げて視聴者をうならせたりしている。その授業では、積み上がった料金に関するオリバーの話を取り上げ、それを一次方程式の問題に発展させている。

「数学の概念は世の中のあらゆる領域で使うことができる」と、ステキティーは述べている。

ストーリーテリングは、生徒に何かを学ばせるだけでなく、人間関係を築かせるものでもある。教員一年目のとき、私は生徒と人間関係をつくりたいと願っていた。

（8）https://www.mathalicious.com/lessons/you-re-so-fined（QRコード参照）

しかし、今振り返ってみると、どのようにすればよいのかほとんど分からなかった。八年生の女子はカート・コバーン(9)に夢中だったし、とてもかわいい妹もいた。そして、ナルコレプシー(10)を患っている男子もいた。知っていることはそれだけだった。

授業では、アンネ・フランクについて話したし、アガサ・クリスティー（Dame Agatha Mary Clarissa Christie, 1890～1976）の『そして誰もいなくなった』における「燻製ニシンの虚偽(11)」についても話し合った。さらに、句読点の付け方についても話した。しかし、自分自身の人生に何を期待するか、何を恐れるか、誰を信頼しているかなどについては十分に話すことができなかった。

物語を共有すると、それが変わることになる。学校では、私の子どもが生まれて初めて発した言葉や飼い犬の滑稽な仕草、旅行中のちょっとした事件などについて生徒に話をした。さらに、高校時代にスポーツチームのトライアウトで何度も落とされたこと、新聞社にインターンシップの申し込みをして六五回も断りの手紙をもらったこと、両親を認知症で亡くしたこと、また、そのときに感じたことや自分自身の変容などについても語った。

それに対して生徒も、面白い経験や日々抱えるストレス、家族との休日、兄弟のこと、スポーツでの実績、大好きな映画などについて話してくれた。なかには、かなり個人的な話を、クラス全体や私と共有した生徒もいた。それ以外にも、人種や性別に基づいた虐待などについて話してくれたこともあったし、暴力事件が家族にどのような影響を与えたのか、あるいは自殺や麻薬の過剰摂取で親を亡くしたという話などがあった。

いつも物知り顔で横柄な態度の生徒がいた。人権擁護の授業のとき、医師の自殺幇助や病状末期の親の看護など、患者の死ぬ権利について話をしていたとき、彼が急におとなしくなった。驚いたことに彼は、放課後に私のところに来て、「この問題についてもっと話したい」と言ってきた。彼は、自分自身が体の自由がきかなくなったり、病気の末期状態になったりしたら、両親にどんな影響を与えるのかについて知りたがった。この会話のあと、彼は態度を改め、真面目に授業に参加するようになった。

一〇代の若者は、話を聞いてもらいたいし、認めてもらいたいと思っている。難しい生徒であっても（いや、難しい生徒こそ）そのような思いをもっているものだ。私たちが聞こうとする様

---

(9)　(Kurt Cobain, 1967～1994) アメリカのミュージシャン、ソングライター。ロックバンド・ニルヴァーナのボーカリスト兼ギタリストとして知られる。

(10)　日中において場所や状況を選ばず起こる強い眠気の発作を主な症状とする睡眠障がいのことで、「居眠り病」とも言われる。

(11)　重要な事柄から読者や聴衆の注意をそらすための修辞上の技法。ミステリー作品などで読者に真犯人を悟らせないようにするために、無実の人物を犯人であるかのように思わせたり、意味深長な言葉を並べたりすること。

子を見せさえすれば、授業に取り組む生徒の姿勢は変わるはずである。

ベス・バーンシュタイン－ヤマシロ（Beth Bernstein-Yamashiro）は、季刊雑誌〈若者の成長の新しい方向性（New Directions for Youth Development）〉において、生徒と教師の個人的なつながりは、生徒が手に入れた特別なものというだけでなく、生徒にとっては学びの機会になるものだ、と述べている［参考文献12］。生徒が教師との関係を構築しようとしているとき、教師が厳格すぎて温かみのない状態であったら生徒は不安を感じるだろうし、やる気を失ってしまうものだ。彼女は、教師と人間関係を築くのに苦労していた生徒の言葉を引用している。

「先生に腹が立つことがあると、腰を落ち着けて学ぶことはできないだろう。教師が打ち解けるために努力することや生徒を思いやる気持ちを示すことは、生徒の興味関心や自信、やる気に大きな違いをもたらす」［参考文献12］

私たちが生徒の物語に耳を傾けるとき、私たちは生徒のやる気や意欲への新しい道をつくることになる。

物語をどのように授業で使うのか

元々、私はストーリーテラーではない。初めての授業で語ったことを忘れているくらいだ。しかし、生徒が法律的概念や経済理論、心理学用語などの理解に苦しんでいる姿を見て、事例の紹介や説明を物語に変えることにした。ジャーナリストとしての経験が私をそのようにさせたのではないかと思っている。

人権擁護や歴史、心理学のような授業では、使うことのできる物語がたくさんある。よい物語がどこにでも転がっているからだ。深入りする必要はない。しかし、フィニアス・ゲイジ（Phineas P. Gage, 1823～1860）の話を取り上げずに心理学を教えることは難しいだろう。ゲイジは、一八四八年に起きた鉄道事故において、大きな鉄の棒が顔を突き抜けるほどの損傷を負ったにもかかわらず通常の認知能力を保持していたが、人格がまったく変わってしまったという人物である。また、てんかん治療のために脳の海馬（かいば）を切除したことで記憶する能力が失われてしまったヘンリー・モレゾン（Henry Molaison, 1926～2008）もそうだろう。私は、アメリカ公共ラジオが彼にインタビューをして書かれた物語を見つけたので、授業で使ってみることにした。(12) この不幸な人物が繰り返し「私はそれも覚えていない」と話すのを聞いて、生徒はあまりの不憫さに顔を歪めたものだ。

数学と同じように、経済学で物語を使うことも簡単ではない。著名で、読み手を

(12) https://www.npr.org/templates/story/story.php?storyId=7584970（QRコード参照）

引き込むようなケース・スタディーがそんなに多くないからだ。不況や不景気について話し合うことはできるだろうが、弾力値、比較優位、独占市場構造といった抽象的な概念を分かりやすく説明できるだけのよい事例を見つけることは難しい。そこで私は、これまでの自分自身の生活から些細なエピソードを収集することにした。安売りのジャケットを見つけたら、消費者余剰(13)を教えるときのために取っておく。また、農家直販の市場でトマトの値段を比べて全部同じだったら、その結果を使って完全競争(14)を説明した。

一〇年前、家族と休暇でメキシコのメリダに行った。帰国前、飛行機の中で噛むためにトライデント・ガムを雑貨店で買った。まだ一〇代になっていなかった息子たちだが、一ドルが八ペソという換算レートを使って、ペソからドルに両替することに慣れていた。

長男がガムを一パック取り上げて、「これはたったの四ペソだ」と興奮気味に言った。

「それはお得な値段ね」と、私が返した。

「アメリカではガムは一ドル以上するよ。二倍以上だ」と言い、「よいアイディアがある」と息子が得意げに説明をはじめた。

「買えるかぎりのガムを買って、大きなトラックに乗せてアメリカに持って帰り、売ればいい」

「うーん、それはダメよ」と私は息子に言った。「そのようなことはしない。トライデント・ガムを再輸入するようなビジネスは成立しないのよ」

これは単純な物語だが、セリフを脚色するなどして少しだけ演出を加えた。生徒はいつも面白がるが、これは通貨交換レート、購買力平価[15]、そしてサヤ取りに関するとてもよい説明になっていると思っている。「それはいいアイディアだ」と生徒は言う。そして、「いつも経済学のことばかりを考えているの？」と聞かれてしまう。

ミネソタ州の物理教師であるピーター・ボハセック（三八ページ参照）は、一九八九年のロマ・プリータ地震（カリフォルニア州北部）のときバークレーに住んでいた。サンタ・クルーズに住んでいた彼の兄弟の家は倒壊してしまった。それは、ボハセックがちょうど電話で話しているときだった。「余震だ！　余震」という声を聞いたが、彼はまったく余震を感じなかったので、どうしてだろうかと思ったという。その途端、ガツンと余震があった。「地震波が地上を伝わる速度を測るのに、必要なことはこれだけだ」

---

(13)　ある商品一単位について、消費者が最大限支払ってもよいと思う価格（需要価格）から、実際に支払う価格（市場価格）を差し引いた残りの金額をいう。

(14)　近代経済学における理想的な競争のモデル。市場で取引する売り手と買い手が非常に多数で、個々の売り手や買い手の取引量が価格に影響を及ぼすことなく、また産業への新規企業の参入に制限がない状態で行われる競争（『精選版　日本国語大辞典』小学館、二〇〇六年参照）。

(15)　購買力平価はある国である価格で買える商品が他国ならいくらで買えるかを示す交換レート。サヤ取りは、株などの仲立ちや転売によって価格差を儲けること。「裁定取引」ともいう。

彼は、この話を毎年しているという（二〇一六年六月一日面談）。

オレゴン州セイラムで物理の教師をしているマイク・ランバートは、電池の仕組みを説明するために母親のお菓子づくりについて話した（二〇一六年六月一六日面談）。

「僕は母の手づくりクッキーを食べたことがない」と言ったんだ。

物語をこのようにはじめると、「お母さんのクッキーを食べたことがないって！」という反応が来る。そして、次のような説明をすることにしている。

「クッキーの生地を準備して、アルミホイルと一緒にオーブン皿に並べる。そして、オーブンに入れるんだ。火が通るにつれて、アルミホイルはクッキー生地の裂け目に入るのさ。僕がクッキーを食べようとすると、そのアルミホイルに僕の歯の詰め物が反応してしまうんだ。まったく別の金属だからね。そうすると、口の中に酸を感じる。それは電池の仕組みなんだけど、その感覚が嫌で食べたことがなかったんだ」

この話は、生徒たちの心に残るようだ。

ランバートは、深刻な物語についても深く語るという。たとえば、エアバッグの威力を説明するときだ。

彼は、シートベルトなしで運転することや飲酒運転、運転中のスマートフォンの使用といったことの危険性を生徒に理解してもらいたいと考えた。アプリを使って生徒に自動車事故のシミュレーションをさせ、安全なレベルでの力の限界を考えさせた。法律では、時速三〇マイル（四八キロ）で正面衝突したときに生存できることを受動的拘束装置(16)に求めている。このことを示すためにランバートは、エアバッグを実際に膨らませて、その様子を見せるのである。

そして彼は、サマンサの話を生徒たちにする。ヘアピンカーブを高速で曲がろうとして事故死した生徒のことだ。彼女は優秀な科学者を目指す生徒だった。ボストンでの学会発表のちょうど一か月前のことだった。プロム(17)の前に友人と夕食に行くとき、危険な道路を近道しようとしてプロムのドレスを着たまま彼女は亡くなっていた。

ランバートの生徒だったケイスィー・シャフィンが、「ランバートから学んだことは物理だけじゃなかった」と述べている（二〇一六年一二月二〇日面談）。彼が語った物語から、いかに彼が生徒のことを深く思っているかについて知ったと言うのである。それは、ケイスィーに対してだけでなく、すべての生徒に対してであった。

（16）自動車の自動安全装置。運転手が自ら対策を講じなくても、自動的に動作するエアバッグなどのこと。
（17）アメリカの高校や大学の卒業前に行われるフォーマルなダンス・パーティー。

「先生は生徒に、世の中のことについて考えさせたかったのだと思う。生徒自身が世界にどのような影響を与えることができるのか。そして、生徒がどのような影響を受けるかについて」

もし、ある特定の授業で使える物語がない場合はどうすればよいだろうか。誰もが、外貨を交換したり、地震にあったりしたことがあるわけではない。つまり、全員が悲しい物語をもっているわけではないのだ。また、人と共有したいと思えるほどの物語をもっていない場合もある。しかし、救急治療室の新米医学実習生のトムに関する物語（フィクション）はうまくいくだろう。

ヘンリー・スィブリー高校の生物教師であるジェン・ニパートとエリック・フライバーグは、タンパク質合成について学んでいる生徒が退屈していることに気づいた。確かに、一五歳の生徒にとっては退屈なテーマである。そこで彼らは、病気になる赤ん坊についての物語を創作することにした。

母親が赤ん坊を病院に連れていったとき、医者が血液サンプルを取った。そして、架空の血液検査の結果を生徒に見せ、健康な赤血球とその赤ん坊の赤血球を比較させた。その赤ん坊は、鎌状赤血球症[18]であった。そして、違いがなぜ重要であるかについて議論をさせた。

「なかなか時間のかかる話だよ」とニパートは言う。生徒の興味を引き出すため、この赤ん坊の絵は教室に一年中掲示されている。

ケース・スタディーを創作する場合は、かなり自在に書き手が物語を展開することができる。「科学におけるケース・スタディー教育のためのナショナル・センター」が、議論が活発になるような事例を創作するための秘訣を挙げているので紹介しておこう。

・物語は短く。
・決まった答えがなく、生徒の関心にあった衝突やジレンマを含む。
・引き込まれるような登場人物とやり取り。
・できるかぎりタイムリーで、本物らしく。
・授業の目的に沿ったもの。〔参考文献46〕

物語を生き生きとしたものにすることも大切である。また、授業における使い勝手のよさを優先しないほうがよい。「私はメキシコにいました。一ドル八ペソの交換レートだったので、ガムを安く買えました」と言ったとしても印象深い話にはならない。脚色や発想力豊かな子どもの役づくりがなければ、面白い物語にならないのだ。

映画製作者たちは、効果的な物語を創作するためのヒントを教えてくれている。ブリガム・ヤ

(18)　赤血球の形状が鎌状になり、酸素運搬機能が低下して起こる貧血症。

ング大学の教育心理学とテクノロジーの教授であるジェイソン・マクドナルド（Jason McDonald）は、八人の優秀な映画製作者にインタビューを行い、観客を楽しませ、教育的な意義があるようにするためにどのような原理があるのか、また、より効果的な教育環境をつくるためにその原理をどのように活用しているのかについて聞き出した。

その結果、彼らが強調したのは、「観衆を知ること、そして、衝突、本物らしさ、エンターテインメント性があること」であった。さらに、「詳細を言わずに残しておくことも大切だ」と述べている。その部分は、観衆が自分でつくりあげるものであるからだ。

マクドナルド教授が、一人のプロデューサーの言葉を引用している。

「映画を観る人にとっては、製作者と一緒に何かをつくりあげることができれば、それが何物にも代え難い素晴らしい経験になる」［参考文献73］

複雑に感じるかもしれないが、実際はとてもシンプルなことだ。授業では、退屈な事実を羅列することをやめて、人の顔が見えるものにする。要するに、人、衝突、選択といった人間味のあるものにするということだ。

教師だけがストーリーテラーである必要はない。生徒に自分の物語を語らせよう。プロの物書きがするようにうまく物語をつくることはできないだろうが、学びを確実なものにする程度の経験であれば生徒ももっているはずだ。そして、多くの場合、生徒の経験は教師のものよりも生徒の心に響くものだ。

デトロイト郊外にある高校で教師をしているロビン・モーテンの英語（国語）の授業では、さまざまな人種や民族を背景にもつ生徒が暴力や警察の発砲などについて意見を交換しあった。個人的な物語を通して、より深い交流が実現していたのだ（二〇一六年九月二三日授業観察）。

二〇一六年六月に起きた、フロリダ州オーランドのナイトクラブでの発砲について、一人の生徒が感想を述べている。彼女は教室に座っていることができず、落ち着くために一度トイレに退室したという。ある生徒は、小学生のとき、吃音（きつおん）が理由でいじめられた経験を話した。そして、白人の割合が高い学校で、アフリカ系アメリカ人の教師であるモーテンが、人種の問題について安心して議論ができる場所をどのようにして確保したかについて話してくれた。

> 私が教師になったころ、いつもそのようにありたいと思っていた。できるかぎり誠実に対話をして、子どもたちを、子ども扱いしたり、自分たちのミニ版と捉えたりせず、成長した一人の人間として扱った。そうしたら、私とはまったく異なる人間に成長した子どもがいたのだ。

私の生徒は、何年間も物語を共有してきた。ちょっとしたエピソードから、深く、深刻な個人的経験まで実に幅広い内容のものであった。クラスによっては、生徒に物語を書かせたこともあった。「ジャーナリズム2」という授業では「決定的な瞬間」というテーマで、「AP心理学」では「私は誰」といった自らの人格を書き留めるような課題を課した。「決定的な瞬間」というアイディアは、数年前のジャーナリズム学会のときに思いついたものである。お互いの物語について書く練習をすることは、「好きな映画は何？」とか「好きな色はどれ？」といった単純な問いを超えるよい方法だと思った。

八年生の女子生徒の一人が、小学校一年生のときに読み方を学ぶのに苦心した話を書いてくれた。まだ絵本を読んでいるとき、彼女の友だちがすでにチャプターブック(19)を読みはじめているのを見て、感じたことを詳しく書いてくれた。

別の女子生徒、七年生のマディー・ロウズナウは、猛烈に厳しいコーチのためにバスケットボールが嫌いになったことを書いてきた。そして、高校一年の男子生徒ライアン・ヨックは、以前通っていた私立学校でいじめに遭い、遊び相手がいなくなったことについて書いてきた。

このような物語は、のちにジャーナリスティックな物語を学校新聞に書くときに役立っている。さらに、学校新聞のスタッフを強い絆で結びつけていた。「このような活動を通して信頼関係や友情を培ったことが、その後、学校新聞の活動をするときにとても役立った」とライアンは言っている（二〇一六年一一月二四日面談）。

ストーリーテリングを授業に導入するうえでの課題

ストーリーテリングは、生徒を夢中で意欲的に学ばせるための素晴らしい方法である。その理由は二つある。一つは、学習したことが効果的に長期記憶になることである。もう一つは、生徒と教師の強い人間関係づくりに寄与するということである。要するに、授業が退屈にならないということだ。カリキュラムのなかに物語を組み込むことは、とくに最初は容易なことではない。授業への導入に役立つヒントを以下でいくつか紹介しておこう。

①すべての指導項目に、効果的で面白い物語が見つかると思うな

面白い物語を見つけることは、新人教師にとってはとても難しいことかもしれない。「五〇年間やって来て、やっとよい物語が蓄積できた」とボハセックは言っている。他人の物語を借りてくることも、やはりうまくいくとはかぎらない。

ＡＰ心理学における組織横断的な研究と長期的な研究の違いを説明するとき、私が子どものと

(19)　絵やイラストがほとんどない、小学校低学年向けの物語の本。

きに参加した、マイケル・リース病院での思春期に関する長期研究について言及することがある。しかし、この物語は私が話すから意味があるのだ。自分自身の物語を、時間をかけて蓄積していくか、ジャーナルを書いてネタをためていくしかないだろう。

②自分自身について物語を語るときはバランスが必要

自分自身についてすべてを語る必要はない。すでに広く知られている物語やフィクションに対して自らの物語を語るのは、その物語が本物であり、ごく普通のことである（そして、面白い）場合にうまくいく。あなたをヒーローや天才として描くような物語は、生徒からすると受けの悪いものとなる。生徒は、友だちがＳＮＳなどで見せようとする完璧な生活に対しては居心地の悪さを感じるものだ。

生徒は、楽しい物語だけでなく、苦しくて辛い物語もあることを実感したいと思っている。ユーモアがあって簡潔な、自虐的ネタが受け入れられやすい。私がインタビューをしたロサンジェルスの一〇年生が、「教師が本人について語るのはとても耐えられなかった」と述べていた。自己陶酔的なもの、過度にパーソナルなもの、気を惹こうとするような物語は使わないほうがよいだろう。

③ストーリーテリングには練習が必要[20]

映画製作者、作家、ジャーナリスト、俳優たちは懸命にストーリーテリングを学んでいる。どのように葛藤を提示すればよいのか、どのようにすれば本物らしい会話を書くことができるのか、緊迫感を出すためにどの程度結末をほのめかすかなどについて熟慮するという。聴衆や聴衆の興味・関心について知っておく必要があるということだ。そのうえで、内容と生徒を結び付ける方法として物語を使う必要がある。

人によって感性が異なるという点も意識しておくべきだ。画像を見せたり、声を変えたり、ボディーランゲージを使ったり、表情を工夫すべきである。ストーリーテリングの大部分はパフォーマンスである。物語が平板になってしまったら、どうやって再編成するか、あるいは何を捨てて、どのように立て直すかについて考えなければならない。

---

(20)　ストーリーテリングを理解し、練習するための参考書としては、マーガレット・リード・マクドナルドの『ストーリーテリング入門――お話を学ぶ・語る・伝える』（一声社、二〇〇六年）がおすすめである。一般的に、ストーリーテリングやお話で書かれている本の多くは、図書館活動の一環として発達したものが多く、その趣旨で書かれているが、若干応用すれば授業で使えるものになる。「松岡享子、お話（ないし、語り）」で検索して見つかる本も親切でよいと思われる。

④ストーリーテリングはシラバスの一部分であるべき

パワーポイントを使ったプレゼンを途中でやめて少し物語を語り、また元のプレゼンに戻るという方法は効果的とは言えない。生徒に、自分自身の物語を語らせよう。あるいは、PBL（第4章で詳述）の課題として物語を使うこともできる。

私の息子が考えたメキシコでのガム事業のことを話したあと、生徒に通貨交換に関する経験を話してもらった。移民としてアメリカに来た話や海外旅行の話などだ。自分自身の物語を語ることは、単に教師の物語を聞くよりもはるかに強力な方法となる。

Q　私はストーリーテリングが苦手です。どうすればよいですか？

A　できることからはじめよう。授業の目的にあった、個人的な物語やケース・スタディーを一つ二つ見つけて、そこからはじめればよい。その後、葛藤や物語の展開を工夫して、効果的に物語を発展させていけばよい。授業で話す前に必ずリハーサルをする。

授業では、「二つの真実、一つの嘘」のような、簡単なアイスブレーカーからはじめることで生徒が話しやすくなるように工夫する。「二つの真実、一つの嘘」とは、生徒自身について、三つの興味深い事実を話す活動である。その際、そのうちの一つは事実に反することを言う。話を聞いた友だちが、どの話が嘘だったかを当てることになる。このような活動からはじめることで、より創造的で楽しい物語になっていく。

Q　もうすでにストーリーテリングをやっています。さらに充実させるにはどうすればよいですか？

A　生徒がつまずきやすい指導事項を明らかにする。たとえば、「たんぱく質合成」のような概念である。生徒の関心を高め、記憶に残りやすくするために、より深い、よい話をつくる。難しい概念を使って生徒に物語をつくってもらい、ペアで共有してもらうのだ。

いろいろなことを考えられるような問い（例・あなたの人格は家と学校で同じですか？）を使う。自分自身の物語を安心して語れるような、協調的な雰囲気をつくることのできる表現や創作の課題を使う。

Q　生徒の評価はどうすればよいですか？　また、授業がうまくいったかどうかについて、どのように評価すればいいですか？

A　今、使っている評価の方法（物語を導入する前のもの）と同じものを使う。そうすることで、比較することが可能になる。私は、心理学と経済学の授業において、難しい概念を理解し、覚えるために物語を使っている。

また、単元テストなどで生徒の学習状況を知ることができる。生徒の人間関係を調べるアンケート調査（無記名の）を行い、授業環境や人間関係を生徒がどのように捉えているのかについて調べてみるのもいいだろう。

第4章　PBL――生徒が問題解決の主人公

「ネブラスカ州全体をソーラパネルで覆ったとしたら、必要な電力量を賄うだけの発電はできますか？　火力発電から置き換えることはできますか？」

マイク・ランパート（八二ページ参照）に物理を学んでいる生徒は、ワットやジュールについてはすでに学んでいた。生徒たちは、一つ一つの教室を回って照明の数を数えたうえで、階段を使うことで何ワット節約できるか、また学校が毎月何ジュール使っているのかについての計算を終えていた。さらに、太陽エネルギーの出力を計測するため、コップに水を入れて学校外にも飛び出している。時間経過による上昇温度を計測するためである。

さあ、「ネブラスカ問題」に答えを出すときだ。

「生徒一人に一個の太陽電池をわたします。生徒は、まず電池の面積、開回路時の電圧、短絡時の電流量を測ります」（二〇一六年六月一六日面談）

「生徒は、太陽光から電力に変換されたエネルギーの割合を計算します。（中略）そのあと、レゴブロックとモーター、太陽電池を使ってソーラーカーをつくります。レポートでは、自作した車のエネルギー効率を計算します」

「化石燃料を太陽光に置き換えて、十分な発電量があるのかについて結論を出さなければなりません」

「生徒に、答えのない、高度で本物の問題に取り組ませることは、夢中になって理科を学ばせるよい方法と言えます」

九年生になると、アメリカの高校生の多くは理科を学ぶことを諦めてしまうものだが、ランパートが教師をしているオレゴン州ウエスト・セイラム高校の生徒は楽しく理科を学んでいる。生徒は、スイカの成熟度を測る電気回路までつくってしまった。芸術的な滑車の仕組みもつくったし、水中音波探知機で海の音を聞くためにオレゴンの海岸にまで足を運んでいる。さらに色画用紙からロケットをつくり、エンジンをつけたりもした。とにかく、毎日が新しい発見に満ちているのだ。

「私はいつも生徒に、これまで見たこともないような新しいことに取り組むよう働きかけています」とランパートは言った。

「自分たちで考えて進めなければならないので時間がかかる。格闘だね」と、ランパートの生徒であるケイスィー・シャフィンが言っていた（二〇一六年六月一六日面談）。

ＰＢＬ（プロブレム学習）[1]とは何か

高校生に教える多くのことは、確立された知識である。解決された問題、定義づけられた用語、証明された理論、戦争の結末、実験、社会運動、裁判の結果などである。教師が生徒に求めることも、このような事実を覚えるか、あるいは確立されたモデルや理論、規則、判例を正しく応用

（1）五三ページの訳注で示したように、ＰＢＬには二種類ある。一般的にプロジェクト学習と言われる「Project-based learning」と「Problem-based learning」である。本章が対象にしているのは後者で、本物の問題を扱っているので「プロブレム学習」と呼ぶ。前者に参考になる本として『プロジェクト学習で学ぶ（仮題・現在翻訳中）』が、後者には『ＰＢＬ――学びの可能性を拓く授業づくり』がある。さらに、これら二つのＰＢＬ＝探究学習を進めるのに参考になる本として、『あなたの授業が子どもと世界を変える』、『だれもが科学者になれる！』、『デザイン思考を教える（仮題・現在翻訳中）』をおすすめする。

することである。ＰＢＬ（プロブレム学習）は、頭を使うだけの伝統的な学習を変えるものである。生徒に答えを与える代わりに、次のような複雑で、社会に実際にある問題を与えるのだ。

❶アメリカの学校教育（Ｋ－12教育）(2)を改善するもっともよい方法は何だろうか？
❷州と市は、スポーツスタジアム建設に税金を投入すべきだろうか？
❸患者が心拍数を上昇させた原因は何だろうか？
❹もっとも強い橋の構造とはどのようなものか？
❺どうすれば、カリフォルニアの水不足を解消することができるか？

これらの問いに答えをすぐに出すことはできないし、確立された答えもない。なかには、答えることすらできないものもある。それゆえ、一〇代の若者たちの探究心をくすぐることになるだろう。生徒は、自分自身で解決策を見いださなければならない。そして、その過程で目標となるスキルや知識を身につけるのである。

本章の冒頭に記したネブラスカ問題に取り組んだとき、ランパートは明確な目標を描いていた。彼は、生徒に解決策を教えたわけではなかった。彼によると、「問題解決に向けた問いの答えを探すなかで生徒は、直接教えられていないことについて、自ら学習目標を描いて達成していくことになります」ということであった。

彼が取り上げたもう一つの課題は橋の建築である。二〇一三年、ワシントン州のスカギット川橋が崩壊した。ランパートは、九年生の物理の授業で橋が崩壊するビデオを見せた(3)。そして、細い棒と糊だけを使って、強い橋を造るにはどうすればよいのかについて考えさせた。家族の協力を得て、家でやって来てもよいことにしたが、工学設計の基礎知識はほとんど与えなかった。ケイスィーという生徒が次のように言っていた。

「これが橋の造り方だという説明は一切ありません。このくらいの長さ、このくらいの高さといった情報だけでした」

生徒は、実にさまざまな橋を造って学校に持ってきた。すべての橋を展示して、もっとも重さに耐えられると思うものに投票させた。この課題の評価は、造った橋の出来栄えではなく、橋を強くする要因が理解できたかどうかで行った。そして、重りを載せていき、どの程度の重さまで耐えられるかというテストを行った。

（2）幼稚園の年長組から高等学校までの一三年間の教育期間のこと。大学に入学するまでの、無償で教育を受ける期間を指す。Kとは「Kindergarten（幼稚園）」のことで、幼稚園の一年間と小中高の一二年間を加えて一三年間と数える。

（3）https://www.youtube.com/watch?v=nhgfGESzOy4。ほかにも、https://www.youtube.com/watch?v=KRtefycRGdE。

ケイスィーは、数学にも理科にもまったく興味のない生徒だったが、この活動はとても気に入ったようだ。この課題に取り組みはじめたとき、「合力（ごうりょく）」や「トルク」ということについて何の知識もなかったが、課題に取り組むことで直感的に学んでしまったのだ。

「本当に誇らしかったことを覚えている。だって、私が造った橋は想像以上の重量を支えることができたんです。最初はできないと思っていたことでも、やればできると気づきました。私は物書きタイプで、自分自身を理系志向ではないと思っていました」

橋造りは、理科教員の間でも人気のある課題だ、とランパートは言う。[4] また、「いつも、生徒たちの設計と生徒たちが学んだことには驚いてしまう。こうやって静力学を教えるんだ」とも彼は言っていた。

PBL（プロブレム学習）は、一九七〇年代に医師のトレーニングを目的として開発された。医学生が、講義やケース・スタディーだけでは必要な知識を得ることができないという研究結果が出たからである。PBLでは、医学生に複雑な問題が与えられ、その問題に対応するためにどのような情報が必要か、どのようなスキルを養う必要があるか、どのような解決策や治療法が推奨されるかについてグループ・ワークをすることになる。この方法で学んだ学生は、従来の方法で学んだ学生に比べて認知能力を伸ばすことができたほか、より多くの知識を得ることにも成功している。

ある二人の研究者は、ＰＢＬについてのメタ統合的研究(5)を行い、「ＰＢＬは有能で熟練した臨床医を育て、その知識やスキルの長期保持を可能にするという点で、従来の指導方法に比べてより効果的である」という結論に至っている。［参考文献99］

この医学教育での成功のあと、ＰＢＬは工学、科学、歴史、数学、統計学、経済学、教員養成など、ほかの多くの学問分野や領域で実践されるようになった。大学教授であり、ＰＢＬの提唱者でもあるジョン・セイバリー（John Savery）は、ＰＢＬを使った授業では以下の条件すべてを満たす必要がある、と述べている。［参考文献92］

❶生徒自らが学習に責任を負うものであること。（ランパートの生徒は、橋を造るのに設計の仕方から造り方まで自分で考えて実行しており、教師はその方法を教えていない。）

❷教師は、知識を提供する役割ではなく、ファシリテーターとしての役割を担うべきである。（ランパートは問題を提示し、取り組むためのツールは提供したが、どのように取り組んでいくべきかについては何も教えていない。）

（４）　静止している物体系に働くいくつかの力の釣合いを論じる力学の一分野。

（５）　メタ統合とは、複数の質的な一次研究の結果を統合して、新しい知見を得ようとする研究方法。

❸教科横断的な学習であるべきである。（橋を造るという課題は、物理、工学、数学、芸術などが必要。）
❹実社会にある本物の問題がそうであるように、取り扱う問題は構造化されておらず、複雑で厄介なものであるべき。（橋を造るという課題は、実社会に存在する事柄である。生徒も、作業に取り組む前に橋が崩壊する様子を見ている。）
❺生徒たちはグループで課題解決にあたるため、協力し、コミュニケーションをとらなければならない。（生徒は、家族と協力したりする。結果を提出してからは、お互いの作品を評価しあうなかで協力しあっている。）
❻生徒は、学んだことを共有し、振り返らなければならない（生徒はよい作品に投票を行い、どうすればより良い設計になるかについて議論をしている）。

ＰＢＬはさまざまな教科で使うことができるが、取り上げる問題は何でもよいというわけではない。ＰＢＬでの探究に向かない単純な問題もある。たとえば、行政が水道料金を値上げしたら、カリフォルニアの水問題はどうなるのだろうか？　というものである（基本的な需給関係から考えても、値段が上がれば水道の使用量は減り、水不足の問題は解決する）。

また、複雑すぎる問題も適切ではない。たとえば、カリフォルニアではなぜ干ばつが起きるのか？　この問いに正確な答えを出そうとすれば、大気科学のかなり高度な知識が必要となるうえに、カリフォルニアの複雑に絡み合った水問題に関する歴史の知識も必要となる。適切なＰＢＬの問いは、「経済分析によって、カリフォルニアの水不足に対する現時点での実現可能な解決策を考えよ」となろう。

最適な問題は、生徒が理論や知識を学ぶことができ、それを応用することができるようなものである。しかも、創造性や多様な解決策を探究せざるを得ないようなものである［参考文献51］。たとえば、以下のようなものである。

診断的問題――なぜ、患者は病気になったのか？　なぜ、魚が死んでいるのか？

意思決定問題――近隣にある空き駐車場の有効活用策は何か？　高齢者世代をテクノロジーで支援するとすれば、どのようなビジネスが考えられるか？

政策的問題――教育制度はどのように改良すべきか？　オルタナティブな学校(6)は、通常の学校教育に適応できない生徒にとってよい解決策となるか？

（6）従来とは異なる新しい運営制度、進級制度、教育科目、指導方法などをもつ学校。多くは国や地方自治体の法律によらない私立校となっているが、一定の要件を満たせば資金のほとんどを受けられる。

ＰＢＬは通常とは異なる授業方法なので、一つのテーマを一コマの授業で扱うといった方法には向いていない。しかし、ＰＢＬの考え方を用いた小規模の探究的授業をつくることはできる。また、段階的に解決の難しい問題に取り組ませることで数学や経済学の探究型授業をつくることもできるし、心理学の生徒が友だちの睡眠分析をし、睡眠障がいがあるかどうかを調べるといったことも可能となる。

いずれにせよ、大切なことは、専門家に指示されて覚えるのではなく、生徒自らが問いを見つけ、その解決策を探ろうとすることである。

なぜ、ＰＢＬを使うのか

生徒は、いいかげんうんざりしている。長年にわたって、自らの生活にまったく関連性を感じることがなく、単に知識を覚えたかどうかを問われ、それに答えることだけを要求されてきたからだ。たとえば、ヘスター・プライン(7)が収監されている刑務所のドアの外には何があるのか？ナポレオンが征服できなかったヨーロッパの国はどこだ？　どの型のＲＮＡが細胞核からリボゾームへの指示を送るか？　といった問いである。

「こんなに夜遅くなったのに、宿題を片づけられるんだろうか？」とか「親は私の成績に怒るだろうか？」、「なぜ、車のエンジンがかからないんだろう？」といったことが気になって仕方がないとき、先ほどのような問題に集中することができるだろうか。生徒の関心を、興味深く、かつ現実に即したもので、夢中になって取り組めるものに向けることができたら、生徒を学習に向かわせるチャンスが生まれることになる。

反抗的行動の専門家であるエリック・トーシャリス（Eric Toshalis）によると、かなり指導が困難な生徒でも、興味ある課題に取り組んでいるときはとても反応がよくなるという。もとより生徒は好奇心旺盛で、答えが初めから分かっているような質問に答えることには胡散臭さを感じているのだ。トーシャリスは次のよう言っている。

「もし大人に検閲されたような解釈が教科書に入っていたら、もし実験の結果が分かりきったものであったとしたら、もし数学の問題がただ一つの解法だけしかないとしたら、あるいは歴史的な出来事に対する見解が一部の専門家の解釈しか許されないとしたら、思春期の若者たちは狭量な学問の世界から逃げ出したいと思うだろうし、自分自身をもっと輝かせることのできる世界に身を置きたいと思うことだろう」［参考文献104］

（7）　ナサニエル・ホーソーンの小説『緋文字』（一八五〇年）の主人公。隣人のピューリタンから非難された女性として描かれており、アメリカ文学におけるもっとも重要な女性主人公とされている。

したがって、私たちに求められるのは、生徒のアイディアが活かされ、生徒の考えが真に意味のあるものになるような問題を提示することとなる。それは次のような問題である。

・どうすれば学校を改善できるか？
・近隣の空き駐車場の効果的な活用方法は何か？
・若者たちが夜更かしをしないようにするにはどうすればよいか？

本物の問題を解決するということは、大人が職場や家庭、あるいは政治において行っている事柄である。実生活のなかで、しかも毎日行われている。それゆえ、生徒の場合は、実生活に直接関連のない問題（たとえば、ミネソタ州ミラックス湖のスケトウダラの数を増やすために我々に何ができるか？）であれば、大人が仕事で取り組むような問題と捉えて取り組むことになるのではないだろうか。科学者や起業家、政治家、教育者、ジャーナリスト、経済学者、経営者が日々やっていることを注視してみよう。興味深い教材がたくさん眠っているはずである。

次のような問いを考えてみよう。

「アメリカのK－12教育システムにおいて、もっとも費用対効果の高い改善をもたらすためにはどのような変革をすればよいか？」

これは、第九区連邦準備銀行論文コンテスト(8)のテーマである。二〇一六年の春、私はこの課題を七〇人のAPマクロ経済学を受講した生徒に課した。高校生のグループにもっともふさわしい問いである、と私は思った。大人だったら、ぜひ答えを探ってみたいと思うことだろう。一方、一〇代の若者が強い問題意識をもつものといえば、自分たちの学校における、気に入らないところを課題として取り上げることだろう。

正解は何だろうか？　チャータースクール(9)だろうか？　バウチャー制度(10)だろうか？　授業日数を増やす？　始業時間を遅くする？　長期休みをなしにする？　人種差別の解消？　州テストを減らす？　主に一四〜一五歳であった私の生徒は、広範囲に及ぶこのような問題にやや苦戦していた。しかし、苦戦をしたことで逆に生徒を惹きつけたようだ。コストを分析したり、解決策のメリットを考えたりする前に、より深い問題の理解が不可欠であることに気づいたのだ。

「取り組みはじめてみて、困ってしまいました。何を調べればよいか分からなかったのです」と、APマクロ経済学を受講していたリビー・フレミングが言った（二〇一六年一〇月三一日面談）。

(8)　アメリカには連邦準備銀行は一二区に分かれており、第九区はミネソタ州、南北のダコタ州、モンタナ州の四州で構成されている。

(9)　州や教育委員会の規定にとらわれず、自由にカリキュラムを組める点が特徴の民間運営の公立学校。

(10)　学齢に達した子どもの教育費として利用できる引換券を交付する制度。保護者と子どもが希望の学校を選び、引換券を提出する。学校は、集まった引換券に応じた補助金を受け取る。

ほとんどの学校で出されるレポートの課題は、厳密なガイドライン、ルーブリック、決まった手順があるうえに、「多くの時間をかけて出てきたのはテーマだけだった」とリビーは振り返っている。

一人の生徒が、「レッスン・スタディー」[11]という考え方に行き着いた。これは、日本、ドイツ、フィンランドなどで使われている授業改善方法で、個別授業の指導案の改善と洗練を目的としたものである。彼はシカゴでこの方法を発見し、これによってテスト結果の改善につなげた。

一方、多くの生徒が、午前七時二五分という苛烈な始業時間を遅らせることについて書いてきた。それには、出席状況、集中力、問題解決、成績の向上などに効果があったとする研究がいくつも引用されていた。

リビーは、長期の休みをなしにする方法について論文を書いた。彼女は、長期の夏休みをなくすことで成績が向上した数多くの証拠を挙げている（ちなみに、彼女は個人的には望んでいない）。彼女が発見したことは、白人と非白人の間にある学力差の大部分は夏休み中に生ずるということであった。夏休みの間に、社会的・経済的に不利な立場に置かれている子どもは学ぶことをやめてしまうのだ。

「夏休み中に学んだことの多くを忘れてしまうので、アメリカの小中高校の教師は、夏休み明けの最初の一か月は、忘れてしまった内容を教え直すことからはじめざるをえない」と、リビーは書いていた。

それがとても興味深かったので、リビーは夕食のときに家族にこの話をした。家族の友人が来ていたにもかかわらず、である。そのなかの一人が、テクノロジーやカーン・アカデミー(12)のようなオンラインの学習サイトから学ぶ方法について書いてはどうかと提案した。しかし、リビーは、校時表やスケジュールの問題のほうにより強い関心を抱いていた。

「長期休みのない、つまり年間通じて授業のある学校はどうだろうか？　変化をもたらすだろうか？」とか「そのような年間計画をもった学校は多くなかったので、十分な情報が得られなかった」と彼女は言った。「しかし、社会的に恵まれない子どもと恵まれた子どもの違いについて書かれた一つの論文があり、その問題についてさらに調べてみようと思った。そして、このことは、後日、論文を書くときに役立った」

(11)　授業研究。日本ではじまった教員研修の一形態。指導案検討、授業実施、授業後の協議のサイクルを通して、グループや校内での協働による学びを進めていくものである。

(12)　サルマン・カーンにより設立された教育NPO。オンラインで、講座の視聴や練習問題による演習、教師向けツールの利用などができ、世界中の誰もが無料で受講できる。https://www.khanacademy.org　(https://ja.khanacademy.org/ で日本語サービスもある)。

リビーの完成した論文は秀逸なものだった。彼女は論文コンテストに優勝し、連邦準備銀行で給料をもらいながら、夏のインターンシップが経験できるという副賞ももらっている。とはいえ、それまでの取り組みは容易なものではなかった。また、彼女が経済学を履修登録したときには予想もできなかった結果である。

「論文を書いているときは本当に大変だったけど、とても意味のあるチャレンジができたと思う」とリビーは言う。「あの論文を書いたことで、ほんの少しだが、書くことや研究をすることに自信がもてるようになった。（中略）あのような課題に取り組まざるを得なかったことを今は感謝している」

生徒を惹きつけるもう一つの課題は都市計画である。セント・ポール中央高校で経済学と哲学を教えているイーサン・シェリン（二〇一六年一二月一六日面談）は、二〇一六年、経済学の生徒たちに「アーバン・ランド・インスティチュート（ＵＬＩ）」[13]の都市計画プログラムに取り組ませた。

このプロジェクトでは、五人一組になって生徒が都市計画をつくることになる。生徒は、「ヨークタウン」という架空の町から、寂れたエリアの五〜六ブロックを再開発するための提案書を作成してほしいという依頼を受ける。

プロジェクトには、ある水準の税収を生み出すようにするだけでなく、開発者にも利益が上がるようなものにするといった、より本物らしい目標が設定されている。また、陳情書、駐車場の要件、吸収率（一一三ページの訳注を参照）を含む数多くの必要とされる情報が与えられる。生徒は提案書の下書きを書き、レゴブロックでモデルをつくり、スプレッドシートで経済的な波及効果を計算し、地元の都市景観建築家を含む審査委員会でプレゼンをすることになる。

シェリンの生徒たちは、このプロジェクトを「超難しい」、「慣れていない」、「格闘だ」、「明確な答えのないパズル」、「とても専門的」などと評した。しかし、「このプロジェクトに取り組んで、実社会に対するより深い理解ができた」と、イアン・ヒーガードという生徒が述べている。

イアンのグループは、まず「ミッション・ステートメント」(14)をつくることからはじめた。イアンたちは、新しい建物と旧市街地をうまくミックスし、さまざまな階層の人が一体感をもつことができ、近隣に住む人々に仕事や買い物などの機会を提供することでモダンな感じが生まれるこ

(13)　不動産開発と土地活用政策の分野に、直接または間接的な立場からかかわる人々のための「ベスト・プラクティス（最高の実践）」を追求する非営利教育研究機関。https://japan.uli.org(http://minnesota.uli.org/programs-and-events/urbanplan/　ＱＲコード参照)

(14)　企業（ないし団体）とその企業で働く従業員が、共有すべき価値観や行動に関する指針や方針を明文化したもの。「企業理念」、「行動指針」、「顧客に対する宣誓文」、「社是」などが該当する。

とを目指した。詳細についての議論をはじめたのは、ミッション・ステートメントをつくってからだった（二〇一七年一月五日グループ面談）。

イアン　私は、ホームレスの保護施設をなくしたかった。その施設があることで犯罪が多くなっていたし、その土地を別の目的で使いたかった。

トーリー　住民は、ホームレスの保護施設の近くに何も置きたくないものだよ。

イアン　でも、ホームレスの人たちを追い出すようなことも望んでいなかった。

トーリー　送られてきた陳情書のうち二通は、ホームレスの保護施設を望んでいた。地域社会のためには大切なことだ。

アイザック　ミッション・ステートメントには、一体感のあるコミュニティーをつくるという項目もあった。

このようなやり取りにスカイラー・タオという生徒は、「イアンの言うことは分かる」と言って次のように言葉を続けた。

「実際、そこに生活する人だったら、ホームレス保護施設のそばに住んだり、近くを通ったりすることを望まないだろう。しかし、誰一人として排除しない社会づくりが重要なビジョンだったはずだ。プロジェクトへの意見には、自分たち個人の意見をもっと出しておけば、もっと本物らしく感じられたのではないかといったものがあった。僕の個人的意見を言えば、ホームレス保護施設は残すほうが正しいと思う」

妥協点として生徒が見いだしたのは、教会の近くにホームレス保護施設を移すというものであった。

多くの都市計画のプロセスは、試行錯誤である。間違いもある。吸収速度(15)を高く計算してしまったり、必要とされる予算の算出を誤ったりする。アイザックによれば、一回目やったときは、「スプレッドシートに入れて計算して、投資家へのリターンは二〇パーセントとしていた。理由としては、その地区には三棟の豪華なマンションがあったこと、そして、一〇年間に一棟あるいは一棟半も埋まらないとは、その時点で考えられなかったからだ。我々には、空室だらけの豪華マンションが残ったわけさ」となる。

生徒たちは、不動産以外の数多くの要因についても考える必要があった。スカイラーが次のように言っている。

---

(15)　不動産マーケットにおいて、物件売買の需要、供給を基にして出された市場の動きのスピードのこと。

「数多くの駐車場スペースも必要だった。新しいビルを加えるたびに、住民たちがどのように感じるかといったことだけでなく、建物の大きさ、どのくらいの駐車スペースが必要かといったことも考えなければならなかった」

「スペースとコストを高く見積りすぎる傾向があった」と、トッドが付け加えた。

最終的に「アーバン・ランド・インスティチュート」の審査員は、この提案を第一位に選んだ。ほんの三週間で生徒は、必要な配当を行いながらも、優れた再開発計画をつくりあげたわけである。「再開発計画」の立案は、セント・ポールの街を見直す、そして機会費用、折り合い、金利、利益率などといった多くの概念や経済用語を学ぶ、驚きに満ちた本物の学習体験だった、とある生徒が述べていた。

ほかにも、エイダン・ミーキンという生徒が次のように言っていた。

「座ってテストを受けるときは、正解あり、不正解あり。成績もAだったりBだったりする。PBLも、課題をやりきってAを取ろうとするのは同じだけど、自分自身の工夫次第でより面白いものに変えることができる。だから、自由に発想できるパズルを解いているような感じになるんだ。これは面白いことだよ」

難問、チャレンジ、格闘、多くの生徒がPBLによる学習を評してこれらの言葉を使った。箇単ではないが、つまらないわけでもない。ＰＢＬにおけるメリットのもう一つは、教師が準備した問題に生徒が縛られないということだ。生徒は、自分自身の力で問題を洗い出し、調べ、解決策を探ろうとしていた。このような行為は、現在の教育制度のなかでは決定的に抜け落ちている部分だと言える。

『学びをゲームのように（Making Learning Whole）』（未邦訳）を著したハーバード大学教授のデービッド・パーキンス（David Perkins）は、自らが問題を特定する学習はとても重要で、彼自身が受けてきた教育のなかでは、まったくそのような機会がなかったと言っている。それは、マサチューセッツ工科大学の学部や大学院でもなかった。それが学位論文のテーマが決まらなかった理由だ、と彼は考えていた。

「私は、プロジェクトや自由な探究活動のようなものに取り組んだことが一切なかった。だから、この結果は必然だと思う。課題解決や課題発見のスキルが決定的に不足していたんだ」［参考文献82］

自ら問題を発見し、特定する方法を知らなかったら、未来の起業家たちはどのようにして投資するベンチャー企業を選ぶのだろうか。ジャーナリストは、どのようにして報道するストーリーを決めるのだろうか。そして、医学研究者は、研究すべき病気をどのようにして決めればいいのだろうか。

APミクロ経済学の授業で私は、音楽ビデオの課題（APコースを教える同僚から授業のヒントを得た）に数年間取り組んだが、非常に盛り上がっただけでなく、役立つものであった。その後、より意味のある最高の作品をつくるために、授業で学んだばかりのスキルを使うようにしようと考えた。そこで、ここ数年間は、生徒が興味をもった問題点や課題について調べ、経済学の視点から分析するグループワークを課している。昨年は、次のような課題を選んでいる。

・航空会社は、石油価格に応じて航空運賃を変えるべきか？
・ミネソタ州は、新ミネソタ・ユナイテッド・サッカー・スタジアムに税制上の優遇措置を与えるべきか？
・我々は、工場式畜産場で育つ家畜に対して人道的な扱いをすべきか？
・エピペン(16)の価格を下げるべきか？
・カリフォルニア州は水不足にどのように対処すべきか？

生徒は、選択した課題の本質や要因などを知るためにその背景を調べる。そして、経済学の視点から分析するのだ。たとえば、独占的販売によってマイラン社(17)がエピペンの価格をどのように吊り上げたのか、カリフォルニア州の水問題に「コモンズの悲劇」が起きていたかどうか、といった問題である。

アビ・ビジャヤクマー、ソロモン・シー、ブライアン・パークの三人は、二〇一六年の秋、プロジェクトとしてカリフォルニア州の水不足問題に取り組んだ。三人は、このプロジェクトを通してとても深い考察を繰り返した、と述べている（二〇一六年一二月二〇日、および二〇一七年一月一一日にグループ面談）。

「とにかく、これはどの課題よりも面白かった。なぜなら、自分自身で解決策を考えることになるし、正解がないんだから」と、ソロモンは言っている。

「自分たちで課題をつくり、それをやるといった感じかな」と、アビも付け加えた。「規範経済学は楽しい。モデルが理解を助けてくれるというよりも、モデルがどのような働きをし、何を試みようとしているのかを理解させてくれた」

プロジェクトに取り組んでいる間、生徒は何度も活発な議論をしたことだろうし、フラストレーションも溜まったことだろう。なんと言っても、数多くの原因や要因が絡み合った複雑な問題を理解しようとしたわけだから。

---

(16) 命の危険がある急性アレルギー反応「アナフィラキシー」の応急処置に用いられる自己注射薬。独占的販売について賛否がある。

(17) 「共有地の悲劇」とも言われている。経済学の法則で、誰もが利用できる共有の資源は、乱獲される可能性が高く、資源の枯渇を招いてしまうというもの。

プロジェクトの期限が数週間後に迫ったある日の朝、アビとソロモンは教室で、可能な解決策をどのように説明し、分析すればよいのかについて考えていた。彼らが考えた一つの解決策は、砂漠化を防ぐために水の再配分を行い、その水を住民や農家が使うようにするというものであった。

アビ　市民に水を再配分しよう。
ソロモン　確かに、それはいい。
アビ　環境を維持するために水の再配分を許可すれば……両方に水が行くように。市民に一〇パーセント、農業に四〇パーセントとなっているものを、二〇パーセントと八〇パーセントに変える。
ソロモン　「でも」、「しかし」とは言いたくないが、その方法だと環境を壊してしまうんじゃないか？
アビ　そうだ。でも、まずは、より見込みのある方法を試さなければ！　水をたくさん供給すれば水不足は解消するだろう。水道代を上げることも、水道代を下げることもなしに。
ソロモン　農家が生産するものも、何も変えることはないだろう。
アビ　そうだ。確かに、生産に変化はない。それでも生産するだろうから。水不足の解消にはなるだろうが、水道代は上がらないと思う。

ソロモン　今のマーケットに影響を与えずに解決できると思う。別の解決方法として考えられるのは、「農家が作物を変える」とか「我々が消費を減らす」などだ。

アビ　そうだ。別の解決策として、人が行動を変えるというのがある。みんなは嫌がるだろうけどね。

（数分後、二人の議論はこのプランの欠点に戻った。）

ソロモン　水を使い切ってしまえば、砂漠化をもたらすことになるだろう。

アビ　でもそれは、自分たちが住んでいる所からはるか遠くでだ。

ソロモン　それは問題となるかもしれない。将来的にだけどね。

アビ　長期的にはね。でも、そこに住んでいる人たちは長期的なことに関心はないよ。

ソロモン　否定的な側面ではあるね。

アビ　社会全体にとっては否定的な側面だろうね、負の外部性(18)のように。

---

(18)　ある経済主体の意思決定が他の経済主体の意思決定に不利な影響を及ぼすことをいう。

このやり取りを見ても、アビとソロモンが経済学を使って問題点を分析する方法を学びつつあることが分かる。二人は、経済学の鍵となる概念をいくつか使いながら、その内容の正しさを確かめている。資源配分、需要と供給、欠乏、価格、社会コスト、負の外部性、短期と長期の意思決定などである。ここで重要なことは、二人がこれらの概念を議論のなかで使いこなしているという事実だ。

最終的にこのグループは、環境を維持するためとして、水を家庭や農家に再配分するのではなく、複数の方法を組み合わせた提案を示した。

「農家のために水の価格を上げて、そのお金を、少ない水で育てることができる作物に代えるための補助金にするのです」と、アビは説明した。「この方法なら、市民のために水を優先することにもなります」

農家は必要とされる水量が少なくなり、代替え作物に切り替えることが推奨される。私たちは、州全体の長期的な影響を考えて、環境面への対策は取らないことにした。

このようなPBLは、単に生徒を動機づけるだけでなく、生徒の学び方を変えることにもなる。ヴァンダービルト大学の「学習テクノロジーセンター」の教授であるダニエル・シュワーツ(Daniel Schwartz)とジョン・ブランズフォード(John Bransford)は、その理由について、「問題を解決するとき、我々の脳は異なった働きをしているからだ」と説明している。

人が本物の問題に取り組むとき、我々の脳は関連のある事実や理論を学ぶ準備ができた状態になっていると言われている。つまり、解決策を見いだすことができる情報を渇望する状態になっているということだ。もし、我々がいつもやっているように解決策を先に教えたとしたら、その学びは何の脈絡のない、浅薄（せんぱく）で、すぐに忘れ去られてしまうものになるだろう。

「学習レディネスなしで正解が与えられるような学び方をすると、自分自身で理解し、考えるためのツールとは思わず、単に新しい情報を記憶することが目的だと考えるようになるだろう」［参考文献95］

知りたいという渇望感にあふれているとき、生徒は何でも学ぶものである。アビとソロモンの会話を思い出してほしい。二人が、カリフォルニア州の水についての政策を理解しようと努めていたときのことだ（二〇一六年一二月二〇日授業観察）。アビは学校の図書館で、「カリフォルニア州において、水の使用超過が理由で罰せられた人は何人いたのか」という問いに対する答えを探すためにGoogleで検索をしていた。一方、ソロモンは、アビの隣にいて、カリフォルニア州の水事情について書かれた二三〇〇ページもあるオンライン文書をスクロールして、その要約ページを探していた（代わりにWikipediaを使うこともできる）。

「僕が知っているのは、それぞれの州が一定量の水を得られるようにするために、コロラド川の水の使用制限をしたことだ」とソロモンが言うと、「家の近くを流れる少量の水のように、ある程度の水を使えることは知っている。しかし、使い過ぎに対しては決まりがある。ソロモン、ルールを破ったと思われてしまえば罰せられるだけだ」と、アビが付け加えた。その数秒後、アビが笑って言った。

アビ　ソロモン、数値を発見したよ。一ユニットの水は三〇ドルだ。「ユニット」って、何か知ってるか?

ソロモン　僕は、別の水関係の法律を探してたよ。

アビ　川岸の所有者に関するもの?

ソロモン　うん。川の流れている土地を所有していたら、その水は使用できるというものだ。

私は生徒に、川岸所有者の水に関する法律や、使いすぎに対する罰金(#droughtshaming「干ばつ恥」というハッシュタグも出てきた)について調べるよう(あるいは、定義するよう)に指示したことはない。しかし、生徒は興味をもち、自ら調べたのである。私の役割は、下書き段階で質問を投げかけることで、彼らを導いていくだけであった。たとえば、農家は水を使う権利があるのか？　水を所有しているのは誰か？　これらは、彼らの最初の下書きに対して私が尋ねた質問などであった。もちろん、生徒がより深い探究をするように促すためのものであった。

何らかの報酬によって学ぶ外発的動機づけから、学ぶこと自体の面白さによって学ぶ内発的動機づけへの変化は、香港でのＰＢＬ調査のなかでも見られた。香港のある高校で教師と研究者が、講義形式と知識記憶中心の勉強のみを行ってきた生徒にＰＢＬを使って教えていた。そのなかで、伝統的な授業においては、生徒の学習動機は教師のカリスマ性次第であるということが分かった。しかし、ＰＢＬの授業では、「興味深い問題を提示された時点で、生徒は好奇心でワクワクしているように見えた」と言っている。［参考文献112］

ＰＢＬでは、学びの目的が明確になり、知識を得るだけの学びとはならない。生徒は、情報を探す必要があって探究の方法を学ぶ。伝えたいことがあって書くことを学ぶ。スプレッドシートを読み取る必要があってデータ分析を学ぶのである。

かつて私の生徒であったウィル・タジャールンド（現在は起業家）は、「できれば高校教育のすべての授業が、自分にとって意味のあるＰＢＬであってほしかった」と述べている（二〇一六年一二月六日面談）。彼はまた、「論理的に考える力を本当に役立つ方法で身につけられたはずだ」と言い、次のように言葉を続けた。

「高校で起業することができれば、コピーライトのことは国語の先生に、収益計算や会計のことは数学の先生に助けてくれるようにお願いすると思う」

ＰＢＬを使うもう一つの理由は、知識に加えてクリティカルな思考力、協働、コミュニケーションなどといった、二一世紀において必要となるスキルが身につくということだ。全米研究評議会（ＮＲＣ）[19]と全米数学教師評議会（ＮＣＴＭ）の両者は、すべての段階の科学と数学の授業でＰＢＬを推進しようとしている。ＰＢＬは、自然科学を学ぶうえで不可欠となる、より実験的なアプローチに生徒を引き込むことができるからだ。

ノースカロライナ州グリーン郡の教師ホセ・ガルシアは、そのような学びが起きる様子を目の当たりにした。彼は、二〇〇九年から理科の授業でＰＢＬを使いはじめた。[20]クラスにおけるテストの点数が急上昇をはじめる二〇一二年までに、彼は教育委員会のＳＴＥＭ教育のコーディネーターを引き継いでいる。彼が創設したグリーン中央高校のＳＴＥＭ教育は、全校生徒の四分の一に当たる二〇〇人の生徒が受講している。そして、生徒の科学や数学の学力、プレゼンテーション力、協働する力、読解力、表現力などの向上において成果を上げている（二〇一六年一二月六日面談）。

ＳＴＥＭ教育では、学習は「グランド・チャレンジ」[21]に関連する項目で編成されている。それらの課題は地球規模のものであり、かつ教科統合的なものである。生徒はプロジェクトを計画し、教師はルーブリックをつくる。生徒は、ある特定の国が抱えている問題を調べる。日本、ドイツ、ブラジルといった国々だ。そして、それぞれの国のための解決策を考え、成果物をつくる。ガルシアは、「とてもよいアイディアを出す生徒もいる。特許出願ができる生徒もいるのではないか、と思うほどだ」と言っている。

科学、数学、社会科、スペイン語、英語（国語）はもちろん、創作ライティングや選択授業でさえ、教科を超えて統合的に扱われた。ある一つのグランド・チャレンジにおいて生徒は、「切り裂きジャック事件(22)」の解決に役立つであろう、新しい法医学キットをつくっている。また、生

(19)　この機関が、アメリカにおいて、理科分野で教える内容や教え方に関してもっとも大きな影響力をもっている。

(20)　xiページの訳注を参照。

(21)　全米技術アカデミーが選定した、今後一〇〇年間に達成すべき工学上における一四の大きな課題のこと。課題の重要性について一般から投票を受け付け、順位をつけている。上位五つは、①太陽エネルギーを経済的なものにする、②核融合によるエネルギー供給実現、③きれいな水を使えるようにする、④脳のリバースエンジニアリング、⑤学習の個別化を進める、となっている。全米技術アカデミーのグランド・チャレンジ、http://www.engineeringchallenges.org/ を参照。

(22)　一八八八年にイギリスで連続発生した猟奇殺人事件および犯人の通称。世界的に有名な未解決事件であり、現在でも犯人の正体についてはいくつもの説が唱えられている。

徒のなかには、人に見つからないように、ジュリエットをロミオのところまでバルコニーから素早く下ろす方法を考えた者もいた。

「生徒は、学ぶことの意義と目的を見いだしている。授業に集中しているし、夢中になって学んでいる」と、ガルシアは言う。

ＳＴＥＭ教育で私の生徒だったマルコ・ガルシアは、四年間で耐火用紙の製作、携帯用顕微鏡の製作、砂漠で食品を新鮮に保つ方法などを考案したほか、数多くの課題にチャレンジしてきた（二〇一七年七月二三日面談）。私が彼に会ったとき、彼はカメラと映像出力を洋服に取り付ける方法に取り組むチームとともに作業をしていた。伝統的な指導とＰＢＬの大きな違いの一つは、答えを見つけるのが教師ではなく生徒であるということだろう。

「生徒は、自分自身で答えを見つけることに駆り立てられているんだ。教師に答えを教えられたり、サボっていると叱られたりするのではなくてね。常に何かをやっているし、常に動いている。退屈したままじっと座っていることはないよ」

ホセ・ガルシアによると、一年目はテストの点数に関して向上は見られなかったという。

「一年目の学年末は、ちょっとしたパニックだった。単元テストもしていなかった。形成的評価とＰＢＬに相当入れ込んでいたからね」

その年、州のテストは散々な結果となり、彼の教員評価点は「−2」であった（ノースカロライナ州教育付加価値評価システムは、生徒の成績伸長の期待値と実際の成績を比較するものとなっており、教員の力量評価値は「−16」から「+10」で表される)。二年目、彼のスコアは「-0.4」に改善したが、これは生徒の学力が期待値に近づいたことを意味している。そして、四年間ＰＢＬに打ち込んだあと、学校を去るときには「+9」になっていた。

「そのときはもっとも低学力に位置するグループの生徒だったけど、私への評価は一〇〇パーセントで、すべての生徒が州の科学テストで最上位の成績をとった。本来なら、中位にも届かない生徒だけどね」

彼の学校は移民の割合が三〇パーセントくらいだが、科学の成績は三二パーセントから六四パーセントに向上した。驚くべき伸びと言える。「教室内の規律といった問題もなくなり、教師たちも授業を楽しんでいるよ」と、ガルシアは言っていた。

ＰＢＬをどうやって授業に導入するのか

ガルシアがグリーン中央高校で取り組んだ教科統合型ＳＴＥＭ教育は、ＰＢＬ導入における一つの方法と言えるだろう。グリーン郡はこのプログラムの成功を受けて、より多くの生徒に広げることを計画している。プログラムを拡大しながら新しい教職員を迎え、成果を出し続けていくためにすべてのＰＢＬ／ＳＴＥＭの担当教師は、夏休みの前半に指導法とカリキュラムに関する会合をもっている。そうすることで全員の共通理解が得られ、効果的にＰＢＬの授業を計画し、実践していけるようになる。

「先生たちは授業の進め方を何度も教えられているけど、必要な訓練を受けているわけではない」

ガルシアの考える問題点はこうだ。

「先生たちは、生徒を活発に活動させているが、何も教えていない。逆に、何かを教えているときは知識を与えているだけで、社会で必要とされるスキルは除外されている」

ＰＢＬの導入には、オリジナルの授業をつくるという方法がよく用いられる。ケリー・ギャラガーは、ニュージャージー州リンデン高校の解剖・生理学の授業を、一年間の探究型授業に変えた（二〇一七年一〇月一三日面談）。『授業を成功させるための診断（Diagnosis for Classroom Success）』［参考文献70］という本をモデルに作成したもので、架空の患者の症状を観察することを通して学ぶプログラムである。

年度当初、生徒は架空の「ギャラガー総合病院」の「インターン職」に応募する。外科のインターンだったり、医学博士候補だったり、ソーシャルワーカーや管理職などである。ギャラガーが生徒を雇う（実際は、担当するチームに割り振る）。生徒は人間の体の部位について学びながら、八人の患者の検査結果を分析する。たとえば、排泄の仕組みと尿管について学んだら、ギャラガーから、準備された尿のサンプルが八種類わたされる。生徒は尿分析の結果を見て、脱水症状、腎臓のダメージ、タンパク尿などの症状を特定しなければならない。その結果が患者のカルテに記載され、年度末に各チームは、すべての検査結果に基づいて、それぞれが担当する患者の病状について仮説を提示することになる。

「この方法は、生徒に本当に多くの発見をもたらします」とギャラガーは言う。「ノートを取ったり、問題を解いたりするだけでなく、自分自身で探究していると実感できるのですから。なかには戸惑う生徒もいます。『答えは何？』、『これがそう？』、『そんなことはできないでしょう？』と言ったようにね」

生徒が下した診断が間違っていたとしても、「それは学習の一部だ」とギャラガーは考えている。生徒がどのように情報を集め、分析し、結論に達したかのプロセスが重要だと彼女は考えているのだ。

「私は、生徒のノートを定期的にチェックしています。なかには、結果を間違って記録しているものもあります。そのときは訂正するようにしています。そうでないと、学習を前に進められないからです。もちろん、生徒を苦しめることもあります。でも、生徒が必死に格闘している様子を見るのが好きです。そう、その格闘こそが授業をする理由なのです。エイズの検査結果が陰性だと告げたら、人はどうなると思いますか？　あるいは、陽性であると伝えたら」

ギャラガーは、グループがクラスに報告する診断結果が正しいものになるように注意深くサポートをしている（発表のときにはきちんと白衣を着ることも含めて）。生徒に恥を欠かせたくない、と考えているからだ。この授業の単位を落とす生徒はごく僅かで、受講者の多くが医学の道を志すという。

もう一つのPBL導入の方法は、生徒の探究的活動をサポートすることである。オレゴン州の物理教師であるマイク・ランパートは、成績上位者を対象にした探究授業を受け持っている。昨年、一人の生徒が調理と発電が同時にできるコンロを開発し、全米科学フェアに出展した。

ランパートの生徒だったエリナー・フェイドリーは、一一年生と一二年生のときにその授業を受け、自らの探究活動において数多くの経験ができたと言っている（二〇一六年一二月二三日面談）。一一年生のとき、彼女のチームは環境に優しいコンクリートづくりに取り組んだ。ランパートはコンクリートの専門家ではなかったが、エリナーは次のように言っている。

「ランパート先生は、生徒が興味をもって探究しようとすることに対して、専門家並みにサポートしようと努めてくださった」

さらにランパートは、生徒に自信をもたせるように働きかけたと言う。

「問題を抱えたり、研究で苦心したりすると、私は先生に助けを求めた。すると先生は、『君ならできるよ。大丈夫』と言ってくれた。ランパート先生でなかったら、今こうやって科学を学んでいないと思う」

起業家育成やジャーナリズムも、ＰＢＬの実験的授業としての可能性をもっている。近年のビジネススクールやアメリカ企業のトレンドは、「リーン・スタートアップ」[(23)]である。伝統的なビジネスプランは、「これが私のアイディア。何か、お手伝いできることはありますか？」という考え方でつくられていた。一方、新しい方法は、「私から何を必要としていますか？　それを効果的に提供できる方法はどのようなものですか？」という考え方である。その意味では、「生徒起業家」たちは常にＰＢＬをやっていると言える（起業家については第７章で詳述）。

ジャーナリズムを志す生徒は（作家や研究者を目指す場合も）、問題を見つけ、解決策を評価することを学ぶ必要がある。しかし、ジャーナリズムの教師は、どのようなストーリーを取り上げるかを決めない（決めるべきではない）。生徒に問題に気づかせ、語らせるのだ。

アンナ・ブロックウェイ（二〇一六年一二月二八日面談）とシシ・ウエイ（二〇一六年一二月

---

(23)　起業や新規事業などの立ち上げのためのマネジメント手法のこと。リーンとは、「無駄がなく効率的」という意味。つまり、問題点の特定や仮説の検証を繰り返し、短時間で成功を見込める（利益を生める）解決策を探り当てようとする方法。

一六日面談）が私たちの高校新聞〈ビューアー〉の編集者だったとき、「マウンズ・ビュー・ホール」から生徒の姿が消え、その代わりに多くの生徒が「エリア・ラーニング・センター」に行く様子を不思議に思っていた。二人は、この学校の代替施設がいったいどのようなものなのか、誰が行っているのか、そこで何をしているのかを知りたいと思った。そこで私は、どのような質問をすべきか、どのようなデータを集めるべきか、誰にインタビューすべきかについて二人にアドバイスを行った。

二人は高校の事務室に行き、エリア・ラーニング・センターの紹介状をもらった。

「このフォームにはチェック・ボックスがあって、自分にあうカテゴリーを選ぶの。ドラッグ使用者、妊婦、成績不振者など」と、アンナは振り返っている。「妊婦っていうカテゴリーがあるのに驚いた。それに該当すれば、許可してもらえるんだって。これは、私にとっては衝撃的だった。誰をエリア・ラーニング・センターに送るかを決める方法だったことがね」

充実した内容の報告を行ったあと、アンナとシシは次のような疑問を抱いた。

「エリア・ラーニング・センターは、マウンズ・ビュー高校の代替施設だろうか？」

二人が書いたトップ記事は、エリア・ラーニング・センターでの経験をマウンズ・ビュー高校のそれと比較したものとなっており、生徒や教師の言葉を引用し、オルターナティブ・スクールは解決策となるのか、それとも単なる置き換えでしかないのかという議論になっていた。答えは簡単ではなかった。二人は、最終的な結論に至ることができなかったのだ。

「エリア・ラーニング・センターの経験がある二人の生徒に話を聞きました。一人は肯定的に捉えていたけど、別の一人は否定的でした」と、アンナは言っていた。

ＰＢＬは、一つの単元や探究プロジェクトをつくる方法としても使うことができる。たとえそれが従来の考え方に基づく科目であっても、である。ＡＰミクロ経済では、一つの学期を通して考えるミクロ経済学の問題が生徒の課題となっている。課題に取り組むのと同時に、毎週の授業に出席したり、ネット上の掲示板での議論に参加し、テストを受けたりする必要がある。ＡＰミクロ経済には、探究活動として計画された授業と講義、討議、シミュレーション、あるいはそれらの統合された活動の両方が組まれていた。

今年、睡眠と意識について研究をしたとき、「高校生は十分な睡眠をとっているか？」という問いについて探究するために、一週間にわたって睡眠習慣に関するグループ研究に取り組んだ。生徒は、就寝時刻、総睡眠時間、カフェイン摂取量、就寝中に目が覚める回数など、自分たちの睡眠習慣のデータを集めてグーグル・フォームに入力し、七〇人もの睡眠データのスプレッドシートをつくりあげた。また生徒は、睡眠の生理学や推奨される睡眠時間に関する本を読み、よい睡眠習慣について友だちにアドバイスを送るための公共広告やポスターを制作した。

三人グループの生徒が制作した公共広告は、次のようなナレーションではじまっている。

「睡眠が生活に欠かせないものであることは誰でも知っている。しかし、若者は、睡眠についての科学的発見に耳を傾けようとしない。マウンズ・ビュー高校における生徒の平均睡眠時間は七時間半だが、一〇代が健康的な生活を送るためには九時間の睡眠が必要だ」

生徒の研究から分かったことは、睡眠不足は認知機能を下げ、ニキビが出るようになり、食習慣を崩壊させるということであった。そして、睡眠中に脳の中で起きていることも調べあげ、「人間の健康にとって睡眠がいかに中心的な役割を果たしているかについて、一〇代の我々ももっと認識すべきである」と結論づけた。

この公共広告プロジェクトに取り組んだリディア・グライムが次のように述べている。

「このプロジェクトは、私にとってとてもよい学ぶ機会になったと思う。なぜなら、睡眠についての一般論ではなく、私たち自身の生活や状況に影響する睡眠について調べたからです」（二〇一七年七月一七日面談）

ＰＢＬは、通常の授業をより探究的にすることにも役立つ。前述したアメリカ数学教師評議会（ＮＣＴＭ）の数学教師向けのブログには、二〇一六年の秋から高校の数学授業をＰＢＬ形式に移行することを示唆する連載が掲載されている。そこで提唱されていることは、生徒が協働で課題に取り組む授業づくりである。まさに、メアリー・チンがアリゾナ州アリート・プレパラトリー・アカデミーでやっている話し合いをベースにしたアプローチ[24]と同じものであった（二〇一七年一月一〇日授業観察）。

チンの生徒は、毎日三～四人のグループにおいて、宿題として出された課題を確認したり、考えてきた解決策をホワイトボードに書き出したりしたうえで、新しく、さらに難しい課題に取り組みはじめている。

「その課題が、生徒自身の発見に導いてくれているようだ。新たに取り組みはじめた課題は以前の課題の上にゆっくりと積みあげられていって、生徒は『何が言いたかったのか、やっと分かったよ』と言った。時折、私が分け入って、『そのとおり、そこが知りたかったことなのよ』と言う必要があったの」と、チンは述べていた。

ある授業において彼女の生徒は、フィリップ・エクスター・アカデミーの「数学２」に掲載されている次のような問題に取り組んでいた(25)。

問い１　E＝（2,7）およびF＝（10,1）とする。EとFの線上において、Eから３だけ離れた２点があるとする。両者の座標を求めよ。

---

(24)　この方法は「ハークネス・メソッド」と言われている。詳しくは、『最高の授業』の八七～九七ページを参照。

(25)　この数学教育は有名で、『最高の授業』のなかで詳しく紹介されている。

二人の女子生徒が一緒に腰掛けて、この問題に取り組んでいる。

「26番の1の問題が分からない。どうやって解けばいいんだろう」

「Eから3だけ離れた二点がある」と、クラスメイトがノートに線を引きながら解説した。

「ここは、円を描くために斜線を引くところじゃない？」

別の女の子が割り込んできた。

「Eから3だけ離れたと言ってるじゃない。三つ上がるの？　どっちの方向でもいいでしょう」

チンは立ち止まって、その生徒たちの様子を見た。そして、「それは線であって、線分じゃないから。きれいな数字でもないわ」と言った。

「そう、だから円の中の線上じゃない？」と最初の生徒が言った。「EからF、これは線なの？それが反対側のどこにあたるかを知りたいよね。そこはまだ分からないからね」

数秒間考えたあと、クラスメイトが説明をはじめた。

「長さを知る必要があるのよ。ピタゴラスの定理を知っているでしょう。それでこの長さを求めるの」と言って、彼女はEとFを含んだ線を指差した。「10の上に3をとって、ベクトルでかければいいのよ」

最初の生徒がうなずき、理解した。

「生徒にとって、少しだけチャレンジングな問題を選ぶようにしているの。それが大事なことなのよ」と、チンは言っている。

ＰＢＬは、伝統的な授業において学んだ内容を復習し、定着させることにも役立つ。イリノイ大学教授のグロリーナ・ゴンザレス（Gloriana González）は、中西部にある大規模な高校の数学（幾何）教師と「サークル問題」と呼ばれるＰＢＬ授業の開発に取り組んだ。前述したチンの生徒と同じように、ここの生徒もピタゴラスの定理や直角三角形の相乗平均の定理のような基本的なことは学習済みであった。

ＰＢＬ授業の初日、生徒は小グループに分けられた。複数の角度が記された円の図が配られ、「この図の線と角について、分かったことをいくつでも挙げなさい」と指示された。二日目は、各グループが発見したことについて、教師によるクラス全体討議が行われた。この授業のメリットは、生徒が自分で問題を定義し、さまざまな方法でその問題を解こうとするところにある、と研究者たちは結論づけた。

「私たちが調べた二二人の生徒が使っていたのは、六〇種類もの異なる方法だった。平均すると、一人の生徒が三つの異なる方法を試していたことになる」［参考文献42］

生徒は、自分たち自身で問題との関係性を見つけ、間違うことから学び、数学的思考力を身につけていったのだ。(26)

図５－１　競争力の高い市場の需給関係

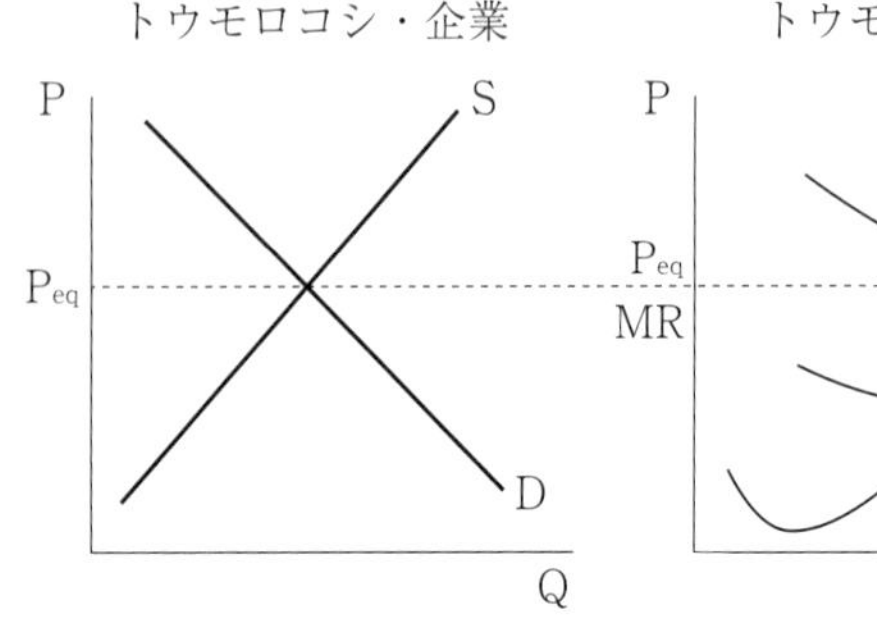

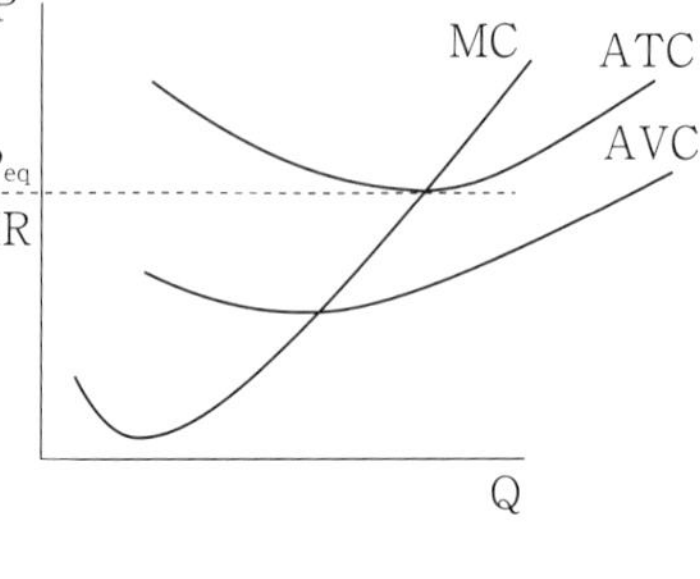

ここ数年間、経済学分野の新しい概念やモデルを紹介するのに、私はＰＢＬの考え方を用いてきた。多くの経済学の教師と同じく、まずは新しいモデルを提示し、説明したうえで、そのモデルを使って演習するという進め方をとった。今は、生徒にそれぞれのモデルをどのように説明すればよいかと尋ねることからはじめている。

たとえば、生徒が高い競争力のある市場分析にふさわしいミクロ経済学のモデルを学んだら（**図５－１**）、私は生徒に、高い競争力と独占企業（たとえば、他企業対一企業）の違いを箇条書きにするように求めた。そして、パートナーと協力して、独占企業の場合のグラフがどのようになるのかについて考えさせ、発表させた。

生徒は、思いつくかぎりの独占企業のグラフを描こうとした。独占企業の状態では生産者は一つだけなので、すぐにグラフを描くことができたグループもあった。右側の「個人農家」と書いたほうが基本的に独占企業のグラフである。しか

図５－２　独占企業について最初に描いたグラフ

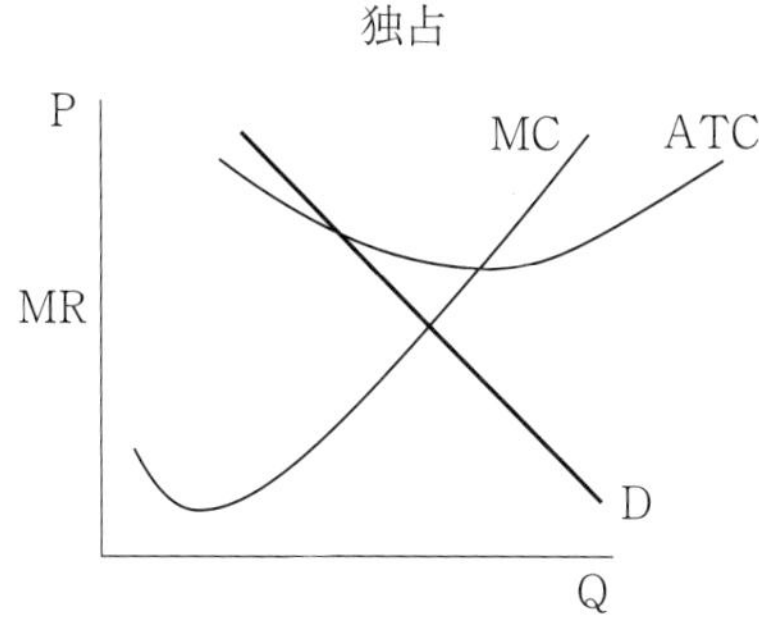

し、このグラフに消費者を表す需要曲線を書き入れる必要がある。多くのグループは、**図５－２**のようなグラフを描いた。描くことができなかったグループも、独占企業がどのようなものかについて以前よりも興味をもち、語るだけの準備ができたようだった。

（グラフについて解説をしておこう。**図５－１**の個人農家のグラフは、限界生産コスト［ＭＣ］は、出荷量が増えるに従って上昇することを示している。それは、平均総費用［ＡＴＣ］と平均変動費用［ＡＶＣ］の上昇をもたらすことになる。市場価格でいくらでも売ることができるので、個々の農家にとっての限界収入［ＭＲ］は一定となる。しかし、独占企業にとっては、出荷量が増えることで限界生産コスト［ＭＣ］は下がることになる。）

(26)　数学的思考能力を身につける具体的な方法に興味のある方は、『教科書では学べない数学的思考』を是非参照。

ＰＢＬを実施するうえでの課題

ＰＢＬについて、研究者たちは効果を認めている。また、全国レベルのさまざまな機関も大切だと言っている。それほど価値があるのなら、なぜもっと実践されないのだろうか？　最大の障壁となっているのは、教師がやり方を知らないということだ。自らが生徒だったときにそのような学び方を体験したことがないわけだから、慎重になるのは当然と言える。

生徒が教師である私に期待しているのは、難しいことを教えてくれることだと私はずっと思ってきた。私が説明をしないで、どうやって生徒が理解できるのか、と。私が説明をして、それを生徒が理解していく様子を見るのが好きだった。これは、教職に就いている者の喜びの一つであろう。私たちの学校文化は、このような考え方を支持してきたのだ。私たちが専門家で、生徒が知識の受容者であるとするアプローチだ。

この考え方にはいくつかの問題がある。一つは、教師のもっている以上のものを生徒は学ぶことができないということだ。私は、カリフォルニア州の水道に関する政策（河岸所有者の権利についても）や学校の年間計画、エリア・ラーニング・センター（一三二～一三三ページ参照）の学校モデルについてほとんど何も知らない。私における知識の限界が、生徒の学びを制限してもよいのだろうか。

このアプローチは、従来から言われてきた（そして、支持されていない）「教育とは空のグラスを満たすものである」という考え方と同じである。[27] 生徒は、空のグラスを満たしてもらいたくて学校に来ているわけではない。生徒は、主体的に学ぶことを欲する脳をもち、学ぶことの意味や理由を自ら見いだすことができる存在である。「専門家文化」という考え方では、「教える」ことは教師のため、私たちの知っていることのためである、と思いがちとなる。そこには、生徒のため、生徒が知りたいことのため、という視点をうかがうことができない。

ここで忘れてならないのは、ＰＢＬが必ずしも教師の役割を減ずるものではないということである。むしろ、教師が生徒と知識を共有する、そのあり方や生徒の思考を刺激するやり方にこそ変革が求められるということだ。

実際、ＰＢＬを使って教えるためには、多くのことを知っておく必要がある。私が一〇年前に独占企業モデルを使って教えはじめたときは、まったく酷いものだった。私にできていたことは、黒板にモデルを描いて、「このようになるのです」と言うだけだった（もっとも惨めだったのは、教職志願者の前でこれを教えたときで、本当に冷や汗ものだった）。

---

(27)　これは、パウロ・フレーレの『被抑圧者の教育学』で主張している「銀行型教育」と同じである。

独占企業について私が十分に理解するまでに数年を要した。今では、生徒が自ら理解できるように促し、生徒の活動を見守り、生徒自身の力で一歩ずつ理解を深めていけるような発問ができるまでになっている。

限界収益のグラフが、独占企業の需要グラフよりも急激に減少する理由を理解する必要があった。なぜなら、より多くの商品を売るためには価格を下げる必要があるし、生徒がその方法を思いつくように考える必要があるからだ。

・独占企業では何が異なるのだろうか？
・供給曲線になるだろうか？
・需要曲線だろうか？
・それぞれの商品に安定的な価格を付けることができるだろうか？
・アップルが第一世代のアイフォンの価格を下げたとき、何が起きたのだろうか？
・最初に購入した人たちに返金したのだろうか？

前述した「連邦準備銀行論文コンテスト」（一〇六ページ）において出されるような自由課題に取り組むことで、教師は生徒の書く力や構成する力を知ることができる。私は、多くの国語教師が文章の構成を教えることで書くことの指導をはじめる様子を見てきた。問題点の提示、因果関係の探究、解決策の提案、裏づけとなるデータの提供、問題解決策の説明といった構成である。私は「連邦準備銀行論文」を、ほかのＰＢＬの課題と同じように扱っている。二〇一七年のテーマである「アメリカ経済はかつてのように成長できるのか？」に取り組みはじめたとき、生徒に答えるべき質問のリストをもとにして最初にブレインストーミングをさせた。すると生徒は、次のような質問を考えついた。

・かつてはどのようにして経済発展を遂げたのか？　それはいつか？
・経済発展はなぜ止まってしまったのか？
・今、経済はどのような状況か？　その理由はなぜか？
・その状況を改善し、発展するためには何が必要か？

生徒に、私はいくつかの資料を紹介した。その資料には、仕事の生産性に関するＮＰＲ(28)の記事や、ＧＤＰ(29)と一人当たりのＧＤＰに関する簡単な説明が含まれていた。論文コンテストの書式設定（三ページ、ダブルスペース、アメリカ現代語学文学協会が定めた書式）などについても説明

(28)　(National Public Radio) アメリカの非営利・公共のラジオネットワーク。
(29)　(Gross Domestic Product) 国内総生産のこと。

をしたあと、自由に取り組ませた。

一パラグラフ（一段落）だけというレポートを出してきた生徒もいた。なかには、問題点を特定することができていないものもあった。また、しっかりとした五段落論文は書けていたが、まったくエビデンス（根拠）をつけていないものもあった。さらに、意識の流れだけを書いたものや、問いに答えようとしていないものもあった。

そこで、私の仕事だ。一人ひとりの論文を読んで評価し、フィードバックを返すことで指導を行った。二〇一六年に書かれたリビー・フレミングの論文は簡単だった。私が提案したことは、「多くの解決策があります」といった一般的な記述をいくつか削除し、リビーの主張を裏づけるものに差し替えることだった。彼女は、ＰＩＳＡのランキングとボルチモア州の調査研究データを加えてきた。

生徒が書いた論文のなかには、かなり手を入れる必要のあるものもあった。ちなみに、五〇か所も修正を入れたものもあった。以下は、私がある論文に付したコメントの例である。

・導入部分であまり多くのエビデンスを入れないように。まず、解決しようとしている問題点（アメリカの生徒の低学力）を明らかにしてから、それに応じたエビデンスを出すようにしよう。

・あなたが提示した解決策が、よい結果を出しているのか確認しよう。生徒は、どのようにしてよい成績を上げるようになったのだろうか?

・この論文では一つだけ提案を出せばよい。ということは、選択が必要になるということだ。

ＰＢＬへの恐れや経験不足に対処する一つの方法は、それが使えるようになるためのトレーニングを教師に施すことである。教師主導から生徒主導に移行することは容易なことではない。教師は、いつ、どのようにして生徒の学習をサポートするのか、また、答えではなく問いを投げかけることによって学ばせるためにはどうすればよいのかについて知らなければならない。できるようになるためには、やはり練習が欠かせない。ＰＢＬの授業を同僚と一緒に開発していくことができれば、そして、授業について[31]振り返り、改善するための時間をもつことができれば、必要な経験を積むことができるだろう。

(30)　文章の形式は、序論・本論・結論の三段法だが、本論をさらに三段落に分け、全部で五段落になることから「五段落論文」と呼ばれており、よい形態の代表とされている。

(31)　日本の教員研修のほとんどが、残念ながら機能しているとは言えない。それは、「総合的な学習の時間」の導入時も含めて、すべてのテーマについて言える（免許更新制も例外ではない）。https://projectbetterschool.blogspot.com/2015/11/blog-post_29.html の二番目の表が明らかにしているように、より重要性が高いのは「練習」ではなく「継続的なサポート」であるのだが、それが官製研修でも校内研修でも考慮されていない。

PBLの授業について不安に感じているのは教師だけではない。生徒や保護者の抵抗も厄介な問題となっている。

キャンディス・リドロン［参考文献88］は、南部の農村地域にある学校で二年間、PBLで数学を教えた。そのとき、生徒と保護者が反対した様子を記憶している。彼女がPBLをはじめる前は、新しいカリキュラムをどれにするかといった、言わば「数学戦争」のような状態が続いていたときであった。この地域は、主に労働者階級の親が多いのだが、以前使っていた伝統的な数学の教科書の代わりに探究型の教材を採択することに反対してきた。

だが、彼女に対しては比較的寛容だった。なぜなら、経済的に恵まれない環境にある低所得者層の生徒が、PBLの授業で学力向上を成し遂げたという事例を読んでいた教職員がいたからだ。生徒の学習態度と結果に変化が見えたことで、保護者たちはPBLを支持するようになった。

生徒のPBLへの抵抗はお決まりとされるものだった。高校生は、なんと言っても負荷の低い活動を好むものだ。PBLは負荷のかかる学習だ。この問題を解決する秘訣は、「これは新しいタイプの活動だ。一度やってみるとその面白さが分かるはず。そういったタイプの学習だ」と伝えることである。

ビクター・テサーツェックもイーサン・シェリン（一一〇ページ参照）の生徒だったが、「再開発計画」を次のように説明している。

「実際にやってみると結構クールだった。教科書に書いてあるようなことを学ぶんじゃないしね。もちろん、教科書に載っているようなことは必要だし、覚えなくちゃいけない。違うのは、教科書に載っていることを使って何かをするということなんだ」（二〇一六年一月一五日面談）

もう一つの壁は、言うまでもなく学力テストである。低学力の生徒は、ドリル的な学習を徹底的に繰り返さないかぎり学力テストでよい点を取ることができない、という考え方がある。我々が過去につくってきたカリキュラムを見れば、このような繰り返し学習がいかに重視されてきたのかが分かる。言葉を定義したり、方程式を解く練習をしたり、「ゲティスバーグの戦い[32]に勝ったのは誰か？」といった、細かな知識の記憶を尋ねたりする学習である。

これを、「ロバート・リー総督[33]は、ゲティスバーグで勝つために何を変えればよかったのだろうか？」と考えさせるPBLの学習に変えたらどうなるだろうか。生徒が考え出すことになる問いを想像してみよう。また、生徒がより良い戦闘プランを練るために必要とされる資料や情報がどのようなものかを想像してみよう。生徒は、その戦闘のことを理解するだけでなく、戦争そのものについてより深い理解を得ることになるだろう。

---

(32)　南北戦争史上最大の戦い。

(33)　(Robert Edward Lee, 1807～1870) 南北戦争の時代のアメリカの軍人、教育者。南部連合の軍司令官を務め、物量や国力において圧倒的に強大だった北軍を大いに苦しめた。最終的には敗北している。

最後にもう一つ、ぶち当たることになる壁を挙げておく。それは、正解のない課題解決的な学習に対する我々の誤解についてである。先ほど挙げたリドロン（一四六ページ）によると、九五パーセントの数学教師は、アメリカ数学教師評議会（ＮＣＴＭ）のＰＢＬに関する基準を知っており、七〇パーセントの教師が「教室でその方法を使っている」と答えている。しかし、リドロンが実際に観察したところ、多くの教室が従来の方法に留まっているということであった。［参考文献88］

これは数学だけの問題ではない。実際に行われているＰＢＬがどのようなものであるかを理解し、その方法を学ぶためには教師のトレーニングが不可欠である、ということになる。

Q　一度もＰＢＬをやったことがない場合、どのようにしてはじめればよいですか？

A1　できれば、ＰＢＬを実際に体験できるワークショップに参加する。それが無理な場合は、手はじめに既製のＰＢＬ教材を購入して使ってみる。教師用ガイド、生徒用教材、教師の実践に基づいた指導上のヒント集などが含まれているものが望ましい。

A2　大きなＰＢＬのプロジェクトをはじめる前に、日々の小さなＰＢＬを通して、協働学習の進め方、課題の立て方、情報収集やブレインストーミングの方法を練習しておく。これによって、必要なスキルや練習方法に慣れることができる。

A3　一〜二日程度で完結する簡単なＰＢＬプロジェクトを、教員仲間と一緒に開発してみる。それによってさまざまな教材や方法を知ったり、フィードバックや改善の機会になったりする。

A4　取り上げる問題の質に焦点を当てる。ＰＢＬに適した問題は、複雑で、構造が崩壊し、多くの解決策が考えられるようなものであり、生徒にとっても関心のもてるものでなければならない。多くのＰＢＬの授業はよいストーリーではじまっているので、ストーリーテリングの要素も取り入れる。

Q　すでに取り組んでいるＰＢＬを、より深い問題解決や教科内容の学習にするにはどうしたらいいのでしょうか？

A1　日常の授業や一〜二日の小規模のＰＢＬがうまくいったら、それを一〜二週間規模のＰＢＬに発展させてみる。資料、文章、映像、図表、外部講師などの教材を収集して準備する。

A2　教師から[34]の直接指導を段階的に減らしていくなどして、生徒自らが問いかけ、学習のオウナーシップを生徒がもてるように導く。

A3　同僚に授業を見てもらう、あるいは自分でビデオ撮影をしてみる。その際、答えを与えるのではなく、問いかけによって考えさせるように導いているかどうかをチェックする。

Q　生徒の評価はどうすればよいですか？　また、授業がうまくいったかどうかについてはどのように評価すればよいですか？

A1　今使っている評価の方法と同じものを使う。そうすることで、ＰＢＬの効果と比較することが可能になる。

A2　少し時間を遅らせて実施するポストテストか期末テストを使って、ＰＢＬで長期的な記憶が改善されたかどうかを確かめる。

A3　学習に対する意欲や動機を測定するアンケート調査を実施する。

A4　従来の方法とＰＢＬで生徒の意欲がどのように変わるかを比較するために、授業をビデオで撮影し、生徒の主体的な発言や活動回数などを記録する。

（34）（ownership）個人が仕事や勉強に向き合うときの姿勢を表す言葉。自分の仕事や勉強を、命じられたからやるという消極的な姿勢ではなく、自分自身の課題として主体性をもって取り組む姿勢を指す。

第5章　シミュレーション——生徒を引き込むロールプレイ

教室のドアが開き、廊下から生徒がなだれ込んでくる。カラフルなスカーフと、胸に抱えた本、男子生徒たちは肘で仲間を押しのけながら自分の机に一目散だ。一方、女子生徒たちは、友だちと身を寄せ合うようにしてドアのところに留まっている。ジョール・コールマン先生は、交通整理をする気のいい警察官のように、腕を広げて彼らを止めようとする。

「前の時間、少し問題が起きた」と先生が生徒に伝えた。「椅子を持って後ろに来なさい。誰かが足を切ったんだ。何か小さなものが突き出ているんだが、分かるかい？」

男子生徒たちは戸惑い、壁ぎわの机を眺める。そして、ほかの生徒は首を振った。一人の男子生徒が確かめるように歩いていったが、すぐに戻ってきた。学校の守衛が、その机のそばに立っているため、なかなか近づくことができないのだ。

「今、どうしたらいいか検討中だ。申し訳ない」と先生は言った。

二八人の生徒は、机が使えないことに気づき、部屋の後ろに一斉に移動した。椅子や壁の突き出た部分に腰を下ろすことができたのは数名だけだった。女子生徒たちは、みんなロングスカートだったが、しゃがむか床に直接座った。カーペットが敷かれた床なので大丈夫だろう。

「大丈夫か?」と、先生が尋ねた。

「ダメです」と、一人の女子生徒がすぐに答えた。

先生は教卓に群がっている三人の男子生徒のほうを向き、「どうやって席を確保したんだ?」と言った。

「早い者勝ち」と一人の生徒が答えた。

「それって公平かな?」と先生が尋ねると、「もちろん!」と男子生徒が答えた。

先生は、多くの生徒が集まっているほうを向いて授業をはじめた。宿題にしていたリーディングの確認をしようとしていたが、突如「これは公平とは言えないよな!」と言い放った。先生が生徒の顔を見回した。そして生徒に、椅子に座れる人を決めるよい方法はないかと問いかけた。

「椅子を増やせばいい」と一人が言った。

別の生徒が、「僕が家から椅子を持ってくる」と言った。

「1から10までの数字で、僕が思っている数字を当てた人にこの椅子を譲る」

一人の女子生徒がつぶやいた。

「お金を持っている人が座れるようにすればいいじゃない」

「おい、ちょっと待てよ。もう一度言ってごらん」と先生が言った。

「お金を持っている人が座れるようにすればいい」

先生は、このアイディアを取り入れることにした。そして、全生徒で競争入札をすることにした。ふざけて四〇ドルと言った生徒もいた。「友情」でもって席を譲ると言う生徒もいた。五〇セント、七〇セントから数ドルのものもあった。

先生は生徒の名前を読み上げ、お金を受け取っていった。そして、驚いたことに、お金を払った生徒に、いくつかの座席を新たに与えたのだ。席に戻って、その日のテーマである不足と資源について真剣に語りはじめたとき、先生が生徒を制止して、「私たちがしたことは本当に公平だったと思うか?」と問いかけた。

「実際にやっていることよ」と女子生徒が答えた。

「そのとおり」と先生が答え、「今やったことは、日々の生活のなかで実際にあることだよ」と言った。（二〇一六年一月二六日授業観察）

シミュレーションとは何か

解決の方法を示さずに問題解決に当たらせ、自分たちで解決策を探し出させる。問題と格闘することを通して、語句や理論とともに問題解決スキル、コミュニケーションスキル、協働スキルなどを学び、身につけさせる。冒頭で紹介した「足りない椅子」という活動に参加することは、その問題について本を読んだり、話を聞いたりして学ぶのとは異なる。生徒はまず、解決が必要な問題を仮想的に体験し、その問題の切実さと緊急性を実感するのだ。「経済をどのようにすれば資源を有効に活用することができるだろうか?」といった抽象的な問題ではなく、「今日はどこに腰かけようか?」といった具体的な問題である。

シミュレーションは、遊びの要素があって活動的なものだ。憲法制定会議や魔女裁判、気候変動枠組条約での交渉といった、極めてシリアスなものにもなりうる。五分程度でもできるし、一つの学期を通して長期的に取り組むことも可能である。また、実際に人が演じても、仮想的な世界であっても可能だ。シナリオがあってもいいし、即興でもできる。このように、シミュレーションは生徒にとってとても夢中になれる活動なのだ。

提示された状況がリアルであればあるほど夢中になれる。シミュレーションは、まず人間の脳の「検索システム」を刺激すると言われている。それによって、遊びや学び、協働といったことを実際に経験する機会が与えられるのだ。一〇代の若者は、非日常の世界に飛び出したり、新しい役割を得たり、背伸びをして、大人がやるような問題解決のスキルを試してみたいと常に思っている。

カリキュラムの作成者は、シミュレーションを「ロールプレイ」や「シリアス・ゲーム」[1]と呼ぶことがある。ただし、ロールプレイはシミュレーションの一種にすぎない。また、コンテストや何らかのゴールを目指すゲームとは基本的に異なっている（「コンテスト」については第６章参照）。要するに、シミュレーションの場合、勝つことではなく、さまざまな解決策や可能性、異なるものの見方について幅広く考えることが重要となる。

第４章のＰＢＬ（プロブレム学習）でもそうであったように、厄介な問題を扱い、曖昧で不確かな結果を探究していくことになる。より本格的なシミュレーションにおいては、生徒は実生活に即して、明確に決められたシナリオに基づいて特定の配役を割り振られることになる。たとえば、伝染病の原因を探る科学者やベルサイユ条約の交渉担当者といったものである。

（１）直訳すると「真面目なゲーム」で、純粋な娯楽のみを目的とせず、社会課題の解決を目的としてつくられたコンピューターゲームのジャンルのこと。

シミュレーションは、「問題」のなかに生徒を巻き込む「拡張版ＰＢＬ」とも言える。シミュレーションがうまく用いられ、経験したことを理解し、説明する効果的な振り返りが行われれば、生徒を惹きつけ、夢中で取り組ませるだけでなく、しっかりとした知識とクリティカルな思考力を身につけさせることができると報告された研究もある。

なぜ、シミュレーションを使うのか

ジョール・コールマンは、高校を卒業してからまだ一〇年も経っていない、演劇の才能にあふれる若い教師である。いつも微笑みをたたえ、親しみを込めて生徒をファーストネームで呼んでいる。彼が声を荒げなくても、生徒はよく学んだ。生徒からは「ジョール先生」と呼ばれ、ジョール自身も生徒の兄のように振る舞い、深い愛情を注いでいた。

授業では、ストーリーテリングの技法を使って生徒を惹きつけた。「足りない椅子」をやったときは、生徒から集めたお金を、「間もなく生まれてくる自分の赤ちゃん用品に使おうと思っている」と生徒に話した。もちろんジョークで、お金は返却している（二〇一六年一月二六日授業観察）。

コールマンは、可能なときにはいつでも、とくに経済学の授業ではシミュレーションを使うことにしている。「自分が一番よく学べた方法だからね。いろいろ説明されるよりも、まずは自分でやってみるのがいい」と彼は言っている。

「足りない椅子」を、コールマンはウーバ・メディカル・アカデミー[(2)]の標準および大学レベルの授業の二時間目に使った。この経済学の授業はとても上手くいったと感じていた。

「生徒は、お金を使うというアイディアに行き着くのに時間がかかるときもある。また、生徒が結論に至るために、かなりのヒントを与える必要が生じるときもある」

「足りない椅子」の活動が効果的な理由はいくつかある。第一に目新しさである。生徒をコンフォート・ゾーン[(3)]から連れ出し、関心をもたせるということである。この授業においては、退屈したり、やる気のない生徒は出てこない。生徒は口々に、「何が起きてる?」とか「これからどうなる?」と言い合っている。つまり、注目せざるを得ないということだ。また、仲間意識が生まれることにもなる。

一方、コールマンは、危険な状況に陥らないように注意していた。そして、生徒を助けて、多

(2)（Ubah Medical Academ）ソマリア系アメリカ人の子弟のためのチャータースクール。ミネアポリスの西部にある。

(3)「快適な空間」。心理学などでは、ストレスや不安がなく、かぎりなく落ち着いた精神状態でいられる場所や状況を指す。

様な解決策を探ってみるように促した。

目新しさ、面白さ、身近さは、すべてドーパミンを誘出する引き金となる。そして、生徒を引き込み、授業に夢中にさせる。もっとも重要なことは、この活動が生徒を「欠乏」という状況に叩き込み、その意味を徹底的に考えさせるところにある。これは、教科書を読むだけでは分からないことだ。

コールマンは詳しい説明に移った。椅子そのものが欠けていたわけではない。欠乏していたのは生産資源であった。そして、その生産資源こそが、際限のない欠乏や要求を満たすために有効活用されるべきものであった。生徒は、すでにこの時点で入手できないものを渇望する感覚を実感していた。

コールマンは「足りない椅子」を教師一年目の途中から使いはじめた。彼は、経済学について長々と話しているときに示す生徒の死んだような目が我慢できなかった。彼は経済学が大好きなのだが、多くの人はこの学問に退屈さを感じるようだ。彼は生徒の興味を惹きたかったのである。「授業の初日、ノートを書き写すだけの退屈なものになりそうだった。何とかしなければならないと思った」（二〇一五年一二月一六日面談）

シナリオなしでシミュレーションを試すことは、少し勇気を必要とすることである。そのため、授業前にリハーサルをやった。彼の表情は真剣そのもので、不安げに見つめる生徒の反応を待ったことを覚えている。

「心配で心配で、死にそうだった。実際にさまざまな考えが頭をよぎった……。うまくいくようになるまで一年かかった……配慮すべき点と冷静に待たなければならない点が数多くあった」

コールマンには演劇の経験があった。初めてやったとき、無表情を貫くのにその経験が役立ったかもしれないが、決して容易なことではなかった。最初は、さまざまな生徒の発言をどのように抑えればよいか、どのように質問をすればよいか、欠乏や選択、機会費用といった概念[4]について深い理解を促すためにどうすればよいか分からなかった。

これらは、シミュレーションを意味あるものにするうえにおいて重要なことである。シミュレーションで効果的な学習が成立するためには、かなりの程度まで生徒に任せることが必要となるし、目には見えない隠れた構造化が必要となる。生徒をコントロールし、学ばせたいことを教え込むだけのほうがはるかに簡単である。[5]

「痛快に思う瞬間がある」と、コールマンが言う。それは、生徒が語り、笑い、議論し、動き回るにつれて、混沌とした状態が少しずつ整っていく様子を目にするときだ。そのときからコール

（4）経済学の用語で、「機会損失」とも言う。意思決定に当たって二つ以上の選択肢があり、そのうちの一つを選択し、ほかを不採用にした場合に得ることができなかった利益や価値を指す。

（5）しかし、それでは生徒の頭に残る割合は極めて低い！

マンは、生徒を信頼すること、そして経験力を信頼することを学び続けている。毎学期、新しいシミュレーションに挑戦しているということだ。「失敗するときもある。それはそれでいい。リスクを取らないといけない」とも彼は言っていた。

私も教師になって間もないころ、初めてのシミュレーションにトライした。幸い、やり方を伝授してくれる人がいた。一九九三年にウィチタ北高校にいた同僚のビル・ジェンキンスである。私は、第一次世界大戦にアメリカが参戦するかどうかについて論じられた議会のヒアリングを取り上げた。手の込んだロールプレイを、一緒に実践するという機会を得たのだ。生徒全員に役割が与えられた。ある生徒に有名な社会主義者ユージーン・デブズ（Eugene Victor Debs, 1855～1926）の役割を与えたほか、ウイリアム・ジェニングズ・ブライアン（William Jennings Bryan, 1860～1925・政治家）、J・P・モルガン・ジュニア（John Pierpont "Jack" Morgan Jr., 1867～1943・銀行家）、サミュエル・ゴンパーズ（Samuel Gompers, 1850～1924・労働運動指導者）、そしてウッドロウ・ウイルソン（Thomas Woodrow Wilson, 1856～1924）第二八代大統領などである。

数年後、ミネソタでアメリカ史を教えはじめたとき、私はジェンキンスとやったその授業をもう一度試してみることにした。そこまで数か月間、講義や書く活動、グループ・プロジェクトだけをやって来た。私は、すぐに注意散漫になる三五人の一〇年生が、自由度の高い活動をこなせるかどうか自信がもてなかった。

私はまず、各自が与えられた役柄について図書館で調べさせた。そして、第一次世界大戦参戦について明らかになっている見解について、少し脚色させたり、詳しい説明を付け加えさせたりした。そのうえで、二日間にわたってヒアリングを実施したのだ。アメリカの参戦について二〇名の人物が賛否を述べ、それぞれの立場から意見を言った。

とはいえ、やや不安定なスタートだった。最初に登壇した数名の生徒が小さな声で意見を表明し、降壇してしまったのだ。しかし、事態が動きはじめるのに時間はさほどかからなかった。壇上にいる生徒がどんどん難しい質問を投げかけるようになり、意見を表明する生徒はますます自らの意見に熱くなっていった。

一週間ほど前は、第一次世界大戦についてほぼ無知で、関心もなかった一六歳の生徒たちが、突然、銀行や農家、同盟国などのもつ潜在的なインパクトに意味を見いだそうとしはじめたのだ。振り返りの活動において私は、この意思決定のプロセスをどのように感じたかと生徒に尋ねた。

「誰が、いつ、アメリカは参戦するか否かを決断するのか？　その際、どのような要因を考慮すべきか？　誰の意見を聞くべきか？」

これが決定的な瞬間だった。生徒がこの活動で学んで身につけたものを、私がこの目で確認した瞬間だった。

アンジェラという女子生徒が声を上げた。今でも、彼女のコメントを私は忘れることができない。彼女は、「戦争をするべきかどうかという決断を、自分がするなんて思いもよらなかった」と述べたあと、次のように言った。

「しかし、私たちは、人々を巻き込む必要があることが分かったわ。すべての人に教育が必要なことも分かった。そうでないと、自分自身で決断することなんてできないもの」

これは、とても重大な意味をもつ瞬間となった。なぜなら、私が講義やリーディング（選定図書リストを提示して読ませること）、あるいはレポートを使っていたら、アンジェラに戦争にかかわる権力、さらには民主主義のプロセスや公教育について、このような深い理解をもたらすことはできなかっただろうと思ったからだ。彼女自身が意思決定に参画する必要があったのだ。

このほかにも、最高裁判所、マーケット、心理実験のシミュレーションなど、数多くのシミュレーションを私は実施したが、いずれのシミュレーションでも同じレベルの深い理解が得られた。アメリカ政治の授業で行った最高裁のシミュレーションでは、生徒たちが「サフォード対レディング裁判」⑹の口頭弁論における判事や弁護士の役を担った。この裁判では、学校において持ち物検査をされることを拒否する権利が少女にあるのかどうかについて争われている。

このときは、即興的なセリフではなく、実際の裁判記録をもとに私が創作した脚本を生徒が読み上げる形で進めた。模擬的につくりあげた脚本を使って一つの判例を演ずることで、生徒は裁判の仕組みや判事のやり取りの様子、また出される質問などについて学ぶことができた。最終的には、生徒にその場で判決を下すことを求めた。

次に挙げるのは、判事が驚くほどくだけた調子でやり取りをして、教育委員会の弁護士が判事の望む判決に導こうとする場面である。生徒は、本物の裁判らしく厳格にこの原稿を読み上げ、それを面白がっていた。

ライト氏（教育委員会の弁護士）　裁判所に尋ねたい。裁判所はブライト・ライン・ルール(7)を定めるべきではないか、というのが我々の立場である。生徒が健康リスクのある密輸品を持っていると疑われる場合、密輸品が隠されている必然的な理由があれば、そこを捜索することは合憲であり……。

---

(6)　二〇〇九年、サフォード教育委員会と当時一三歳だったサヴァンナ・レディングとの間で行われた裁判。四三ページも参照。

(7)　ある行為が特定の人にとって可能かどうか、あるいは犯罪になるかどうかなどを、個別の能力を見るのではなくて、客観的な指標のみに依拠して決めようというやり方。たとえば、誰でも二〇歳になれば投票権が得られるが、無能な二〇歳の人物よりも、有能な一九歳のほうが明らかに有意義な判断ができるだろう。しかし、こうした能力は問わず、選挙権を二〇歳以上に与えるやり方。

スカリア判事　どのような密輸品であっても、それが黒のマジックペンであったとしても、私にとっては驚きだ。それは、その学校においては密輸品だろう。黒のマジックペンは。

ライト氏　匂いを嗅いでみるとか。

スカリア判事　それが警察のすることなのか？

ライト氏　油性マジックペンだ。

スカリア判事　その匂いを嗅いだのか？

ライト氏　それは……私は学校の弁護士だ。裁判長閣下、それは子どもがすることだ。

スカリア判事　本当か？

ライト氏　しかし、問題なのは規則です。裁判長閣下、この規則が存在する根拠は、生徒たちの安全を確保し、守るための責任を負うべき立場の人がいて、健康や安全のリスクがあるときには大人が柔軟に、素早く、効果的に、リスクに対処する行動を取らなければならないということです。

ギンスバーグ判事　しかし、あるはずだ……。この裁判とＴＬＯの裁判(8)との間には明確な違いがあるはずだ。取り調べの強引さに加えて、「私がこの少女たちを捕まえました。彼女らはトイレでタバコを吸っていました」と言った教師がいた。そして、彼女をクラスメイトだと言う女性もいた。しかし、それが真実かどうかを確かめるために何もなされていない。その後、確認の調査もまったくされていないのだ。取り調べも、生徒の人格とは関係のない財布を調べるものとはまったく違う。

生徒たちは、このような言葉のやり取りを面白がった。「本当にそんなことを言ったのだろうか？　彼らはいつも、ああやって人を遮るのか？　彼らの前でそのような議論を展開するのは恐ろしくないか？」

生徒たちは、生徒による密告を取り上げようとしたギンスバーグ判事の話も面白がった。「それは単なる噂ではないのか？」と、サヴァンナ・レディングのような少女の言うことに賛成したクラスもあったし、学校側に立ったクラスもあった。議論を聞き、自分たちの意見も述べることで生徒は、麻薬という危険性の高い問題について、学校や裁判所が関心をもって対応すべきであるということに理解を示しはじめていた。

一方、経済学の授業では、シナリオを準備せず、生徒の即興性を中心に据えたシミュレーションを使っている。「カカオ・マーケット」のようなマーケット・シミュレーションは、味気のな

（8）　ニュージャージー州の女子生徒の名前。学校側による持ち物検査の是非が争われた裁判のこと。

い経済学のグラフでは伝えることができない需要と供給の問題をリアルに伝えてくれるからだ。［参考文献47］

一つのグループがカカオ豆のバイアー（買い手役）になる。いくらだったら買うか、しかも、できるだけ価格を抑えて買うためのカードがわたされる。ほかのグループには、損得なしですむように、数多く売るのに必要とされる価格が書かれたカードがわたされる。その後、一五分間程度、生徒による売買交渉が行われる。驚くべきことだが、需要と供給が釣り合った価格が必ず出てくるのだ。

マクロ経済学の授業でこれをやると、「見てよ、これが需要と供給ってことだ」と生徒がすぐに理解できるのだ、とジェイコブ・ウェイトマン（一九四〜一九五ページ参照）は言っている。「私が、この方法をよいと思うのは、ズバリ分かるところだよ。素晴らしい方法だと思う。経済学のモデルでは簡単に理解できないからね。しかし、このようにマーケットを設定すると、供給曲線と需要曲線がどのようなカーブを描くかが一目瞭然となるのさ」（二〇一六年一〇月二六日面談）

シミュレーションは、目では見ることのできないものを実際に体験することもできる。容器の中の電子や神経における化学的変容などである。ニュージャージー州リンデンの化学と生物の高校教師をしているケリー・ギャラガー（四〇ページ参照）は、これら二つの概念を教える際に「オンライン PhET」[9] のシミュレーションを用いている（二〇一六年一〇月一三日面談）。

生徒は、ハイテク機器を扱う研究者として温度や容器の大きさを調整し、電子にどのような影響があるのかについて観察した。「通常の授業では想像することしかできないので、理解することは難しい」とギャラガーは言う。神経についても同様だ。防護壁を越えてイオンが移動するシミュレーションはとても興味深いものだ。

「私が生徒だったころは、苦労して無味乾燥な教科書を覚えたものよ」

また、エリック・フライバーグとジェン・ニッパーは、「PhET シミュレーション」を使って自然淘汰を教えている。このシミュレーションでは、オオカミが白ウサギと茶ウサギを狩る。白ウサギのほうが目につきやすいので、より多く捕まってしまうことを確認することができる。生徒は、このシミュレーションで圧縮されたデータを収集する科学者となる。時間が経過するにつれて白ウサギが減少していき、突然変異体にすぎなかった茶ウサギの個体数が維持され、増加していく様子を観察することができる。

「生徒は、極めて長期にわたって起きる変化を短時間で見ることができるのです」とフライバー

（9）物理教育研究に基づいて開発された、物理現象のインタラクティブ・シミュレーションを提供するサイト。https://phet.colorado.edu/。

グは言う。「とても理解しやすくなります。シミュレーションが、生徒に関連づけやすいレベルにしてくれるからです」

フライバーグの授業を受けていたパトリシア・テイラーとマーガレット・ロバーツは、荒野にオオカミを放った途端にその影響を実感した（二〇一七年三月一五日授業参観）。ワン・クリックだけで白ウサギの個体数が減少しはじめたのだ。

マーガレット　白ウサギは隠れることもできなかった。
パトリシア　茶ウサギの数は？　だいたい一五匹くらい？
マーガレット　白ウサギは四五匹、いや四四匹。

二人は、さらに三世代にわたってシミュレーションを続けた。

マーガレット　白ウサギがいなくなっちゃった。
パトリシア　茶ウサギは目立たなくなっていた。そして、新たなるオオカミの集団がやって来た。
マーガレット　白ウサギの数はとても少なくなった。ズームインして、正確な数字を見てみようと思う。たったの三匹しか残っていない！

パトリシア　茶色は？　一三匹？

マーガレット　茶色の変種は、保護色のように環境に溶け込むことができた。

マーガレットは最後のレポートのなかで、「生物の特性が、生息する環境のなかでどのような役割を果たすかによって運命が変わる」と結論づけていた。

私の生徒がバイヤーと売り手になって実際の交渉を経験したように、この生徒たちも、単に聞くのではなく、実際にやってみることによって学ぶことができたことが分かる。

私の教室で実施したシミュレーションでも同じ結果を得ている。シミュレーションの最中は、スマートフォンのことは忘れ、生徒たちは生き生きとして集中している。まるで夢中になって遊んでいるようであった。生徒たちは楽しいことをしているのだから、当然と言えば当然である。

先にも述べたように、楽しく学習をしているとき、生徒たちの脳の中ではドーパミンがほとばしり出ている。それが、動機や集中力、意欲を増しているのである。生徒たちは、発見のプロセスや振り返りのなかで分からなかったことがはっきりと分かる瞬間が好きだ、と言っている。

ソラ・オラテーユという生徒は、どのようなシミュレーションであっても真っ先にトライしようとしていた。彼は、「シミュレーションはいいよ。なぜって、先生が教えるべきことを全部生徒が自分で発見していくんだから」と言っている。

「何か説明をしなければならなくなったとしても、とても簡単だ。だって、それを自分自身がやっているんだから意味はよく分かっているよ。無理に思い出さなくても、自然に身についているからね」(二〇一六年一〇月二六日面談)

シミュレーションをどうやって授業で使うのか

シミュレーションを使って教えることには、プレゼンテーションのスライドやワークシートを準備したり、さらには、生徒の主体的学習を促すような授業やグループ活動を組み立てたりすることとはまったく異なるスキルが求められる。教えることをアートとするならば、シミュレーションはもっとも熟達を要する教え方のアートとなる。(10)

第一には、シミュレーションを使って学ぶとき、あまり期待を抱かせるなということだ。高校生に対して、「今日は面白くなりそう」とか「今日やることは特別だよ」などと言ったりすると、逆に冷めたような態度をとったりするものだ。

生徒は一〇代の若者にすぎない。シミュレーションをはじめるとき私は、状況を紹介し、生徒の役割を説明し、生徒の想像力に働きかけるように努めている。しかし、過度に期待を高めるようなことはしていない。あまりにも高い期待値にこたえようとするよりも、楽しい驚きがあるほうがよいのではないかと思っている。

第二は、現実味のある課題または争点となる問題点が含まれているときにシミュレーションは機能するということである。第一次世界大戦のシミュレーションがうまくいくのは、生徒たちが「アメリカは、他国との紛争にいつかかわるべきか？」といった本物の問題に取り組むからである。誰からも賛同を得やすいディスカションのように、シミュレーションがあまりに単純で簡単に解決できるものだったら、学習意欲は継続しないだろう。

第三は、シミュレーションは創造的で、生徒を楽しませるものでなければならないということだ。あまりにも整然としすぎたり、制約が多すぎる状態は望ましくない。状況が現実的であれば、一旦活動がはじまれば、シミュレーションにおける生徒の行動は実社会を反映したものになるだろう。教師が心得ておくべきことは生徒への反応の仕方であり、それには練習が必要となる。「エコノランドの循環」という私の大好きなシミュレーションを、普通クラスやＡＰマクロ経済の授業で、あるいは新人社会科教員の研修などで何度も使用してきたが、実施するたびに新しい学びがある。［参考文献47］

---

(10)　身につけることのできる技術や技という意味のアート。

「エコノランドの循環」では、経済において、家庭と会社がどのようにかかわっているかについてのモデルを見ることになる。そのため、学期の第一週目に使う場合にちょうどよい。設定は比較的簡単だが、操作は恐ろしく難しい。しかし、あなたが経済学の原理を理解してさえおれば、あらゆる生徒の行動を学習体験に変えることができるだろう。

「エコノランドの循環」の授業日、生徒が席についたあと、私はゲーム用の一〇〇ドル札か手に乗るかぎりの小物をわたす。ネジやバルサ材、動くオモチャの目玉などである。(11)

生徒はバックパックからノートを取り出す間もなく、何をしてよいか分からずに不安そうな表情で話をはじめる。そこで、お金を持っている人が「会社」であると説明する。そして、会社がいったい何なのかについて話す。スターバックスやフォード、アップル、スリーエムといった会社だ。つまり、手にしているお金が生み出されるところである。

会社には投資家がいるのか？　それとも銀行にお金を借りているのか？　ひょっとしたら、おばあちゃんから借りているのかもしれない？　起業家たちがどのようにして起業資金を得ているかについても少し説明をする。そうすることで、会社の視点で物事を考える方法を知ることになる。

そして、動くオモチャの目玉、ネジやバルサ材から手を離せない人が「家庭」の役であることを残りの生徒に説明する。動くオモチャの目玉は「労働」、バルサ材は「土地」、ネジは「資産」

である。そして、再度、なぜ家庭が労働やアイディア、土地といったものを資源としてもっているのかについて話し合わせる。

次に、これから何が起きるかを説明する。

「会社は色のついたパフボールを製造します。それが、消費者が欲しいと思っているすべてのものを表しているとします。たとえば、親しみやすい住宅地にある二階建ての家とかスポーツカーやミニバン、フロリダでの休暇などです。パフボールを製造するために、会社は資材を購入する必要があります。コーヒーショップが、営業をはじめる前にコーヒー豆や水、ポット、店員などを準備するのと同じです」

授業では、会社は家庭からネジや動くオモチャの目玉、バルサ材を調達する必要がある。会社がそのような資材を入手して、それらの材料を私に届けることによって生徒はパフボールの製造ができるのである。

「消費者はパフボールが欲しい。そして、会社は儲けたいのです」と私が説明すると、次のような質問が出てくる。

・どっちが人ですか？

(11)　木材のなかでもっとも軽く、軟らかいことで知られている。

・どこで資材を手に入れることができますか？
・何種類の資材があるのですか？
・私が欲しいのは、お金ですか、それともパフボールですか？

これらの質問に答えたのち、マーケット（市場）をオープンする。そして、消費者にできるだけ早くパフバールを届けるために、会社は資材を調達しはじめる。シミュレーションは一見複雑に見えるが、一〇代の生徒にとってはまったく抵抗感がないようだ。生徒の到達点はシンプルなものだ。モノかお金を手に入れることであり、実生活と何ら変わらない。生徒の会話を聞いていると、まるで大賑わいの市場にいるかのような感じがしてくる。


「私にパフボールを二つください」

「二〇〇ドルだ」

「分かりました。少し待って、私はいくつ持っているのかな……」

「一つ一〇〇ドル？」

「本当にいくつ持っているか分からない」

「私はビジネスマン」

「これらは私のもの。私が買った」

「目玉を二つ一〇〇ドルで買い、そして二〇〇ドルで売ったんだ」
「目玉か木が欲しい人はいる？」
「十分に資材がないんだ。もう、ネジはないよ」

しばしば、会社側の生徒が家庭側に対して低い価格を提示することがあった。一〇〇ドルで二つの資材を要求するといったことだ。また、家庭側が一つ当たり一〇〇ドル以上を要求することもあった。時には、資材を蓄えておき、カルテルを形成することもあった。

あちこちで叫び声が上がり、言い争いがあり、「売ってくれたら本物の一ドルをあげるけど、どう？」といったヤミ取引まであった。不平不満の声などもあったが、最終的にはマーケットとして機能していたと思われる。資材の大部分がパフボールに換わり、家庭によっては山積みになるほど手に入れていた。スタート時よりも資産が増えた会社もあったし、失った会社もあった。全体で二五分程度の活動であった。

この活動は、経済教育評議会(12)によって数年前に公開され、家庭と企業が資産と製品の市場にお

(12)　子どもたちに経済感覚を身につけさせるための教育を目的に設立された組織。URL は https://www.councilforeconed.org/

いてどのように動くかを説明した、非常に複雑なフロー循環図を教えることを目的にしてつくられたものである。この活動をすることで生徒は、起業家精神、欠乏、競争、コスト、価格、収益、生産者、消費者、供給、需要、不況、所得不平等などについて基礎的な知識を得ることができる。生徒は、それらの概念を無意識のうちに学んでいることになる。

経済学を学びはじめたばかりの九年生が、首尾よく、それでいて無意識のうちに利益を上げていたことを説明してくれた。

「僕のしたことは、教室の片方で資材がなくなっていたので、もう一方に行って買い付けたことだ。一〇〇ドルで、たくさん手に入れることができた」

かつて生徒だったウィル・チャーンルンドは、「エコノランドの循環」をしながら、これこそが生涯をかけてやりたかったことであると気づいたと言う。

「このゲームがうまくできるなら、うまく交渉し、戦略を立てて、ビジネスを成功に導くことができるだろうと思った。僕は、これまで授業のなかでそのような感情をもったことはなかった。学校で学んでいることは、実社会では役に立つはずがないと思っていた。でも、この活動は違うと思ったんだ」（二〇一六年一二月六日面談）

生徒たちは「エコノランドの循環」に夢中になった。しかし、生徒は、ずるい手を使って勝とうとしたり、ゲームの価値を損わせたりするようなことをした。それに対して、ある教師が怒りを露わにした。私はこのような姿勢を抑えようと努めたが、シミュレーションの経験が増えて慣れてくると、教師のこのような姿勢ですら生徒が成長する機会になると思うようになってきた。例を挙げておこう。

・会社はコストカットをしようとして、家庭役のクラスメイトから面白半分にお金をむしり取ろうとした。その後、会社側は窮地に立ったことを知る。家庭の収入が減り、製品を買う余裕がなくなり、会社の儲けが減る。これは、そのまま不況の説明につながるものだ。

・いくつかの家庭が協力をして資材をコントロールし、価格を引き上げようとする。生徒は、この談合が当人たちに利益をもたらすことを目撃した。しかし、その影響は徐々に広がり、ほかの家庭を痛めてつけていくことになる。収入は減り、高価なパフボールを買う余裕がなくなる。まさに、独占禁止法を理解するために役立つ話である。

・ビジネスに飽きてしまって、安く買って高く売るという基本的なことさえやろうとしない生徒も出てくる。遠巻きに座って見ているだけだ。金銭面における自己管理能力のないビジネス・マネージャーや家庭のように、すぐに倒産の憂き目に遭うことになる。独創性や人的資本が、ほかの要因とともに、将来の収入やライフスタイルに影響を与えることを戒めるよい事例であろう。

・生徒のなかには、高い（低い）価格を長期間維持し、オモチャの目玉やネジ、バルサ材など、使用していない資材を出し渋る者もいる。これらの使わない資材が、失業者、廃業した工場、不毛の土地をつくり出してしまうことになる。これらの資材がなければ十分な製品を生産していくことができないのだ。そして、エコノランドの経済は縮小していくことになる。

シミュレーションにはさまざまな種類がある。とくに、生徒がどのように学ぶのかという点において違いが見られる。第一次世界大戦への参戦に関するヒアリングや最高裁判所での審議に関するシミュレーションでは、生徒は割り当てられた役割に夢中で取り組んだ。話を聞き、議論し、戦争についての賛否両論の根拠を自分のなかで精査しながら、仲間とともに活動しているときに学びが発生していた。まるで、大きなジグソーパズルを仲間と一緒に完成させているかのようであった。

「エコノランドの循環」、「足りない椅子」、そして「カカオのマーケット」も、与えられる役割はありふれたものであり、消費者や生産者のように振る舞うことで学んでいる。生徒は、ルールと衝動に従うのみである。椅子を取りたい、お金を儲けたい、モノを持ちたいといった衝動である。そうしていると、日々の数百万件に及ぶ取引が、一国の経済を形成していることが突然理解できるようになる。

一方、「ｐｈＥＴ」におけるウサギのシミュレーションでは、生徒たちは探究を通して学んだ。生徒たちは、研究者として自らの仮説を立てて実験を行い、そこから導き出される結論を書き上げだのだ。

社会科の授業で使うシミュレーションの多くは、国語の授業にも応用可能だろう。たとえば、模擬裁判では生徒たちは証人陳述を書いたり、反対尋問をしたり、演説の練習などをすることになる。また、生徒は、貿易政策などといった最新の問題についてノンフィクションを読み、それを素材として使うことで、現在提案されている政策（たとえば、トランプ大統領のメキシコからの輸入品に関税をかけること）について議会聴聞会をシミュレートすることもできる。

これらの活動がもつ力、つまり生徒を惹きつけ、やる気を引き出す力をはっきりと捉えることはできない。生徒は、与えられた役割や提示された問題、仲間やテクノロジーとやり取りをし、楽しい経験をすることによって引き込まれるのである。効果的なシミュレーションは、そのなかで生徒全員の理解を生み出していくのである。

そしてもう一つ、シミュレーションを実施するうえにおいて知っておくべき決定的に重要なステップがある。それは、振り返りだ。[13] シミュレーションを研究してきた専門家によると、効果的な振り返りがなければ、あらゆるシミュレーションは単なるゲームになってしまうという。要するに、楽しく、夢中で取り組むが、教育的意味は低くなるということだ。

教室でのシミュレーションやゲームの国際的専門家であるデービッド・クルッコール（David Crookall）は、振り返りの重要性について、「適切な振り返りをやらないのであれば、シミュレーションもゲームもやらないほうがマシだ」〔参考文献26〕と述べている。難しいことをやる必要はない。二人の教師がランチをともにし、困難だった授業について語り、経験を交換しあう、その程度のものでよいのだ。それゆえ、シミュレーションにおける学びの深さはとても強く、心に響くものなので、一旦落ち着いて、学んだことについて振り返ることが生徒にとっては重要となる。

生徒には、倒産して怒り心頭になるなど、シミュレーションに没頭してもらいたい。没頭することで、そこでの学びの成果が上がってくるのだ。

「エコノランドの循環」では、振り返りによって、何をしたか、なぜしたか、人々にどのような影響を与えたかといったことを生徒に考えさせた。もっとも多くのパフボールを集め、儲かった生徒にいつも私が問いかけていることは、「どうやってそんなに集めたの?」である。

「僕は、一〇〇ドルでパフボールを買ったよ。誰からか覚えてないけど。そして、あるカップルからは二〇〇ドルで土地を買った」と、家族役の生徒が言った。

私はクラスに問いかけた。

「もしも、企業が土地に二〇〇ドルを出し、ネジと目玉にも二〇〇ドル出したとすれば、パフボールをつくるのに六〇〇ドルのコストがかかったことになる。そして、家庭がパフボールに一〇〇ドルを支払った。つまり、会社にはより多くの代金を払わせたわけだが、つくられた製品にはあまり支払わなかったことになる」

そこで、黒板に掲げたフロー循環図をたどり、お金の循環が消費者を助け、会社を倒産させた流れを確認させる。会社役の生徒が、まったくその正反対をやったと説明した。

「誰かがバルサ材を安く売ってくれたけど、パフボールを高い値段、そう、一個四〇〇ドルで売った」

さらに、一つのパフボールも手に入れることができなかった家庭に、「なぜ、手に入れることができなかったのか？　何が起きていたのか？」と尋ねた。生徒は次のように説明するだろう。資材の価値を理解する前に慌てて売ってしまった、と。

私たちは、実社会でもそのようなことがなぜ起こったのかについてよく話をしている。要するに、学歴も知識もない人、もっているスキルや能力に気づけない人、差別にさらされている人、

(13)　原文では「debriefing」となっている。reflection（振り返り）などと近い活動。任務や活動を終えた段階で、そこで得られた経験などを報告すること。元来は軍隊用語で、状況報告、事実確認の意。災害に遭うなど、辛い経験をしたあとでそれについて詳しく話し、辛さを克服する手法としても用いられている。briefingは、逆に任務や活動の前に、簡単にその内容を説明すること。

そういった人たちは生きていくうえにおいて不利になるということだ。

活動後にオンラインを使った振り返りを行い、私は生徒に質問をした。「シミュレーションから何を学んだか?」とか「シミュレーションをする前に知っておけばよかったと思うことに何があるか?」などである。生徒の答えは、どのようにして儲けるかといった現実的なものから哲学的なものまでさまざまだった。たとえば、次のような答えがあった。

「利益を上げるためにいくら使えるのか、どのくらいで売ればよいのかについて、前もって知っておけばよかった。私の収支はトントンだったが、一個一〇〇ドルで買った資材の原価を賄うには、三〇〇ドル以上で売る必要があることが分かった」

「お金の循環の仕組みがよく分かった。私が仕入れたものが、どのようにして私に戻ってくるのかという仕組みが分かった」

「最初にみんなで均等に商品を分配していたとしても、最終的には、全員が望むように行きわたるわけではない」

シミュレーションは物事が起こる空間となるが、振り返りや考察は、起きたことの意味や重要性、そして断片的ではなく生きた知識として、生徒が整理し直すためのものと言える。

シミュレーションを授業に導入するうえでの課題

シミュレーションは、実施する楽しさ、そして学習ツールとして数多くの強みをもっているが、教師はあまり使おうとしない。その理由は簡単だ。シミュレーションは時間がかかるし、授業規律のコントロールも容易でないからだ。また、準備が煩雑になるし、シミュレーションをするための教員研修の機会も十分ではない。教員研修の時間の多くは、学力テストやテクノロジーに割かれているのだ。

時間

教室でシミュレーションを使うことを教師に思い留まらせているもっとも大きな要因は、それがほかの活動に費やす時間を奪ってしまうことである。入試や学力テスト対策の学習では、重要な用語を書き出したり、定義したりする活動に休むことなく取り組む必要があると思わされている。そして、多肢選択方式のテストのための演習も繰り返し行われている。講義形式の授業は、効果的ではないかもしれないが楽ではある。よって、二〇分間という説明の時間を二〇分間の経験に割り当てるにはリスクがあると感じるのだ。

そのとおりだ。私たちには、急を要する仕事をやりきるだけの十分な時間はない。しかし、定着や記憶の保持が実現しないような方法を用いているとすれば、効果的と言うことはできないだろう。さらに、探究的な活動の代わりに知識の詰め込みをさせるとしたら、それは「悲劇」と言うしかない。

一つのシミュレーションが、考える力やコミュニケーション力、協働する力などとともにさまざまな用語や概念を教えてくれる。しかも、いつまでも記憶に残るような方法で教えてくれるのだ。「エコノランドの循環」では、一体いくつの用語が紹介されているのかについて考えてみてほしい。それも、生徒は「勉強した」という感覚をもつことなくそれらを身につけているのだ。(14)

学級運営

多くの教師にとって、とくに経験の少ない新任教師にとって、生徒を扱う際にもっとも簡単な方法は、決められた席に黙って座らせておくことである。『チャンピオンのように教えよ（Teach Like a Champion）』（未邦訳）の作者であるダグ・レモフ（Doug Lemov）は、「スラント（SLANT）行動」を提唱している。背筋を伸ばして座る（Sit up）、聞く（Listen）、質問をして答える（Ask and Answer questions）、頷く（Nod your head）、話し手の動きをたどる（Track the speaker）の頭文字を表した言葉である。［参考文献63］

これは、多くの教師が生徒にさせていることよりも厳密なことかもしれない。しかし、多くの教師が望んでいることではないだろう。周到に準備された授業の際に生徒が椅子に座らされ、教師に視線を送り、ノートを開いているとすれば、少なくとも学んでいるようには見える。学んだことの多くがすぐに忘れ去られるとしても、である。

このような形式を捨て去ることにはかなりの勇気が必要とされるし、生徒を自由に立たせ、歩き回らせ、話し合わせることはかなり危険な提案となり、「真面目にやらなかったらどうするんだ？」とか「終わったときに席に戻ってくれなかったら？」といった疑問を抱くことだろう。

課題を抱え、学習に取り組めない生徒にとっては伝統的な講義形式よりも効果があると証明されているにもかかわらず、このような活動は常に優秀な生徒のみのものと思われている。そのような生徒は、自由を与えてもハメをはずことがないからである。

このような学級運営が、教師がもつ抵抗感の大きな理由となっている。しかし、短く、具体性のあるシミュレーションであれば教室の規律を容易に保つことはできる。教師は、まず五分間のシミュレーション（「足りない椅子」のような）を試して、シミュレーションに参加することが

⒁　それが、本来の「教える」や「教育」という意味ではないだろうか。教師が直接的に話すことは「教える」ことではない、と早く悟ってほしい。

楽しく、夢中になれるものだという確信を生徒にもたせる必要がある。

計画

シミュレーションをゼロから開発することは、講義形式の授業や作文の課題を準備するよりもはるかに時間のかかる仕事となる。「エコノランド」のように出版されており、詳しい説明があったとしても、それを読み、手順を理解し、習得し、必要なものを揃え、シミュレーションの段取りをするといったことが教師に求められる。また、一時間目が終わったら二時間目に備えて素早く必要な物品を補充する必要も出てくる。授業計画だけをとってもかなりの負担を強いられることが、教師をシミュレーションから遠ざけている。

授業計画をつくるのにかなり骨が折れるが、一歩ずつ進めばよい。ネット上には、パッケージ化され、効果を検証されたシミュレーションが数多くアップロードされている。その多くが無料であり、その気になれば、学期に一つのシミュレーションを教師仲間と実践することは容易だし、教師のプロとして成長するよい機会となるだろう。

多くの専門家たちが、生徒のためにシミュレーションの開発を進めている。とくに、仮想現実や拡張[15]現実の研究である。全米研究協議会の報告書は、PhETシミュレーション以外に、「リバー・シティー」、「Physlets」、「ウルフクエスト」、「サージ」、「ホワイビル」などの優れた科学シミュレーションを挙げている［参考文献49］。また、社会科の教師向けとして、「模擬裁判」、「模擬議会」、「マーケット・シミュレーション」、「行動経済学シミュレーション」、さらに「Chair the Fed」、「Fiscal Ship」といったゲームのほか、「STARPOWER」という歴史的事象の再現や社会学的シミュレーションなどもある。

一方、心理学では、学習された無力感、仲間外れとはどのようなものか、聴覚障がいが聞き取りや理解に与える影響、視覚化が記憶を促進する過程、古典的な条件づけの仕組みなどといったものがある。多くは五〜一〇分で実施可能なシミュレーションであり、生徒の記憶にも残る経験となる。もちろん、振り返りやディスカションを通して心理学の理論を理解していくことも可能である。

研修

時間があって、学級運営も問題なく、シミュレーションを取り入れようとする意思があっても、十分な研修を受けていない場合は実施を躊躇することになるだろう。最近の教員研修予算は、学

(15) 仮想現実（Virtual Reality, VR）とは、ディスプレイに映し出された仮想世界に、自分が実際にいるような体験ができる技術のこと。一方、拡張現実（Augmented Reality, AR）は、現実世界にＣＧなどでつくるデジタル情報を加えるもの。

力テストやテスト対策、基本的なＩＣＴの研修に費やされている。シミュレーションをする教師は、活動の選び方、準備の仕方、導入、実施、評価、振り返りについて知っておく必要がある。明確な目標をもたずに活動するだけといったシミュレーションになってしまうことだけは避けなければならない。

シミュレーションの研究者は、もっともよい教員研修の方法は、実際にシミュレーションに参加することだと言っている。それができない場合は、自分自身がやる前に、ほかの人がシミュレーションを行っている様子を観察するようにすすめている。私も、ビル・ジェンキンスがノース高校でやったシミュレーション（一六〇ページ参照）を見ていなければ、あるいはミネソタ評議会での経済教育ワークショップで「エコノランド」に参加していなければ、絶対にシミュレーションをやらなかったであろう。

今でも私は、「エコノランド」をやったときのことを覚えている（指導した教授は、パフボールの代わりにロロキャンディをつくらせた）が、大人げなく、勝とうとして夢中になってしまった。生徒との違いは、何をすればよいか知っていたことだ（つまり、安く仕入れて高く売る！）。しかし、それだけでは上手くやることができなかった。

一度、参加者になってみると、シミュレーションの隅から隅までを理解することができる。生徒たちが抱える疑問、体感する感情、アドレナリンの噴出、振り返りの重要性、そして、なぜこれほど生徒を夢中にさせるのかについて実感することができるだろう。

「足りない椅子」でシミュレーション・デビューをしたジョール・コールマン（一五一～一六〇ページ参照）は、今ではいろいろな授業でそれを使っている。彼の生徒の多くはアメリカで生まれ育った世代だが、ベルサイユ条約やポツダム会議の交渉といった複雑なロールプレイのシナリオをもっている。一回の授業の準備に三～四時間かかることもあるし、それだけ時間をかけても上手くいかないことがある。しかし、普段はやる気を出さない生徒たちが活気づいて夢中で取り組む姿を見ていると、シミュレーションの価値を再認識するという。受動的な学習は楽で簡単だが、それでは生徒が将来必要とするスキルを身につけさせることはできない。コールマンは次のように言っている。

「生徒たちが自分で学びをコントロールできそうなときは、いつでも生徒たちに主導権をわたす。大学へ進学したあと、そして人生においてとても重要なスキルだからだ。本当に興味がもて、学び続けたいと思うことを生徒に与えたいだけなんだ」(16)

(16) シミュレーションを含めたくさんの活動事例が紹介されているサイトがある。訳者の一人である吉田が一九八九年から一九九四年までかかわっていた団体で出していたニュースレターで、それを見ることができる。https://ericletter.exblog.jp/　の「ERIC NEWSLETTER」の№1～13（一九九〇年六月～一九九二年一〇月、とくに№5の九ページ）がおすすめ。

Q　一度もシミュレーションを使ったことがありません。どのようにはじめればいいですか？

A1　研修がスキルと自信を得るための鍵となる。研修会に参加できないのであれば、自らの教室で実施する前に、自分自身がシミュレーションに参加したり、実施している「エコノランド」のシミュレーションを観察してみたりするべきである。シミュレーションのビデオをYouTubeで公開している教師もいるので、それらを見ることができる。学会などでも、シミュレーションを扱ったものがある。

A2　自分自身でシミュレーションを書こうとするよりも、教師用ガイドや振り返りの質問が準備されている既存のシミュレーションを使う。全米研究評議会、経済教育評議会、全米社会科教育評議会などが、質の高いシミュレーションへのリンクを掲載している。また、Twitterのような教師のネットワークや会合を通じても情報を得ることができる。

A3　小さくスタートしよう。一日中や数日かかるようなシミュレーションではなく、五〜一〇分で終わるものからはじめる。そうすれば自分の練習にもなるし、生徒もシミュレーションに参加するスキルが身につくはずである。

A4　辛抱強く続ける。一回目のシミュレーションは上手くいかないかもしれないが、どのような改善をすればよいのかについてメモを取り、振り返りの時間に生徒の意見を聞く。何がうまくいかなかったか、どうすればよくなるかについて、生徒が貴重な示唆を与えてくれるはずだ。

Q　シミュレーションを通して、より深い理解や知識の習得を促すにはどうすればよいですか？

A1　振り返りの質問を考えよう。どのように生徒に言ってもらいたいかを考える。もし、あなたが望むような理解の度合いや思考の深さを生徒が示していなかったら、何が欠けているか、そして、どのような質問をすればより深い振り返りを促すことができるかについて検討する。

A2　シミュレーションに慣れてきたら、生徒が特定の役割を果たすことが求められるような、より複雑なシミュレーションに挑戦してみる。

A3　生徒に、授業で学んでいるテーマに関するシミュレーションの開発に協力してくれるように依頼する。生徒は、カギとなる役割、質問、シナリオづくりなどで貢献してくれるだろう。

Q　生徒の評価はどうすればよいですか？　また、授業がうまくいったかどうかはどのように評価すればよいですか？

A1　今使っている評価の方法と同じものを使う。そうすることで、シミュレーションとの効果の違いを比較することが可能になる。

A2 とにかく、振り返りが大切である。振り返りのときに、生徒たちが理解できたことを確認する質問や、生徒の理解を測定することのできる質問を入れる。出口チケット（ないし、振り返り質問用紙）やオンラインの学習評価テスト（Kahoot や Socrative、いずれも無料のオンライン・テストプログラム）を活用する。そうすることで、一部のおしゃべりな生徒だけでなく、すべての生徒の意見を聞くことができる。

A3 シミュレーションのあとに、短い振り返りを書くように依頼する。これは、自分が果たした役割、経験、学習目標について、質問に答えるといった形式のものがよい。私は、「エコノランド」の生徒に次のような質問をしている。

「家庭と会社の役割は、どの程度循環フローにかかわったか？　何を学んだか？　はじめる前は何を求めていたか？　分からないことはあるか？」

より複雑となる第一次世界大戦のようなシミュレーションでは、はじめる前に職務内容や人物像を書くように求めている教師もいる。

A4 生徒がシミュレーションの目的を理解できたか、また設定した目標に到達することができたかを測定するアンケート調査を実施する。

第6章 コンテスト——競争の新しい意義の発見

朝六時三〇分、外は暗い。夜明けまでにはまだ一時間以上もある。小さな生徒の集団がテーブルの周りに集まっている。経済に関する省略記号の問題を前にして、誰が一番に答えられるか、練習用として手づくりした早押しボタンを押そうと待ち構えていた。

「世界的化学・電気素材メーカーである『3M』の、三つのMとは何か?」

(早押しボタンの音)

「ミネソタ(Minnesota)、炭鉱(Mining)、製造(Manufacturing)」

「BRICS(ブリックス)とはどこの国のことか?」

(早押しボタンの音)

「ブラジル、ロシア、インド、中国、そして、南アフリカ[1]」

「ＰＩＩＧＳ（ピーグス）[2]とされる国はどこか？」

（生徒たちは相談をはじめた。）

「ポルトガル？」

「イタリア？　アイルランド？」

「ドイツ……それとも、ギリシャ？」

「スペイン」

四年間の高校生活のうち三年間、ジェイコブ・ウェイトマンはこの早起きグループのメンバーであった。経済学チャレンジ大会の準備に六時間以上も費やす日があった。略語、データ、日付、その他の難解な用語などの収集である（二〇一六年一〇月二六日面談）。

授業では、ジェイコブ自らが認めているように、「A⁻」を取る程度の勉強しかしなかった。しかし、この大会に関しては、惜しみなくすべての力を注いだ。九年生の普通コースで勝負したあと、彼は一〇年生で上級コースに行きたいと考えた。なかなか野心的な彼だが、ＡＰミクロ経済もＡＰマクロ経済もまだ履修していなかった。

「自分の力を試すいい機会だと思ったんだ。自分ができると思っていることの限界がどの程度かを知ることになるしね」と彼は言う。「ギリギリで予選を通過して、本当に興奮したし、やりがいがあると思った。今のレベルを超えてどこまで押し上げることができるか、市で、ミネソタ州で、全国レベルで、どこまで進めるかを見極めたかったんだ」

当初、ジェイコブは、単に自分の力を証明したかっただけであろう。しかし、時間が経つにつれ、教科の内容に魅せられていることに気づいていった。何時間も経済学の概念についてネット検索をしたし、多くのサイトを訪問したりもしている。難解な理論群を一つ一つ理解して、経済学の本質を理解しようと努めた。

「僕がやったことは、スナックウエル効果、限定合理性（二〇一ページ参照）、リカード（David Ricardo, 1772～1823）の等価原理のような、概念の理解を深く掘り下げたことだけである。経済学は、僕が思うに、視野を非常に狭めた小さな理論群のほうが面白い。ある場面において選択される驚くような行動、そのような行動を取る理由を探ることだ」

その年、ジェイコブら四人のチームは、ニューヨーク市で開催された経済学チャレンジ大会において、全米から集まった一〇〇チームに勝ち、見事優勝を果たしている。

「このような競争的環境がなかったら、僕の力はこれほど伸びなかったと思う」

（1）二〇一一年に南アフリカが加わり、ＢＲＩＣｓからＢＲＩＣＳとなった。

（2）ユーロ圏においてとりわけ財政状況が厳しい、ポルトガル（Portugal）、アイルランド（Ireland）、イタリア（Italy）、ギリシャ（Greece）、スペイン（Spain）の五か国の略称である。

コンテストとは何か

アメリカ社会は競争社会である。アスリートはオリンピック、プロ、大学、高校、地域で競争をし、高校生は大学入学を勝ち取るために競争し、志あふれるシェフは「料理の鉄人」で競争をしている。また、立候補者は選挙で競争し、ビジネス界、航空会社、自動車製造業、IT企業などは、すべて利益を上げるために競争を行っている。

教育場面も、これらと同じように競争の原理を利用している。優越感に浸りたいという欲求、何かを成し遂げたいという欲求、そして、それらの欲求をより深く学びたいという動機づけに利用している。

教育に競争原理をもち込むことに反対する意見がもちろんある。教育関係者は、長年にわたって教室における競争のメリットについて論争を重ねてきた。そして一九八六年、アルフィー・コーン（Alfie Kohn）が『競争社会をこえて――ノー・コンテストの時代』［参考文献64］のなかで、学校に競争原理をもち込むことに真っ向から反対した。コーンは、競争は子どもたちを不安に陥れ、集中力を奪い、協働を阻害すると述べている。そして、一九七〇年代の研究者たちは、金銭的報酬や賞、締め切り、あるいは監視といったものが学習者の内発的動機づけを弱めるということを発見している。

コーンが競争を批判する一方で、教育にはもっと競争原理が必要であるとする立場をとっている研究者もいる。スポーツで表彰されるのと同じく、学習面でももっと積極的に顕彰すべきであるという立場である。ユタ州立大学の国語教育の教授であるチャールズ・デューク（Charles Duke）は、スポーツのコーチが選手に情熱を植えつけていくように、学校の教師は生徒を学びに向かわせるために競争力をもっと使うべきだ、と主張した［参考文献30］。それ以後、我々は、競争が子どもたちに与えるインパクトの強さを見るにつけ、コーチングが効果的であるように有用な競争もある、と考えるようになった。

では、どのような競争が役に立つのだろうか？　誰でも学校時代に経験した競争を覚えているはずだ。スペリング・コンテストは、みんなが知っている子ども時代の競争であろう。一年間を通して、あるいは夏休みに、図書館で誰が一番本を読んだかという競争もある。高校時代、私はスピーチや数学のチームで競争に参加した。これらの競争には一定の価値があったと考えている。それらがあったからこそ、芽生えるのが難しい「やる気」が生み出されたからである。次のような理由で、私の場合は「スピーチ・チーム」での経験に価値があったと思っている。

・スピーチ・チームは、意味のあるタスクに焦点化していた。スペリング・コンテストを批判するわけではないが、英語の理不尽なスペルの法則を覚えることはあまり重要なことと思えなかった。それに対して、さまざまな問題について調べ、人前で発表することには価値があると思った。

・スピーチ・チームは、仲間との協働を生み出してくれた。「ドラマチック・デュオ」(3)をパートナーとリハーサルした年もあるし、即興スピーチに備えてさまざまな出来事について研究と討論を重ねた年もあった。学校での学習活動は個人でやることが多いが、スピーチ・チームにおいては常にチームメイトと一緒に活動をした。

・スピーチ・チームは、私の目指すゴールイメージを高めてくれた。ドラマチック・デュオ部門で、「ローゼンクランツとギルデンスターンは死んだ」の一シーンを演じたデュオを見るまで、私は演劇が得意なほうだと思っていた。しかし、そのペアの演技がプロ並みで、三〇年経った今でもその舞台をはっきりと覚えているほどだ。私とパートナーは、夢中になってレベルアップに取り組んだ。

・スピーチ・チームは、私に新しいチャレンジをさせてくれた。即興スピーチはかなり勇気のいる活動だが、私のチームはその部門に新しいメンバーを必要としていた。そこで、コーチが私をリクルートしたのだ。一九八三年、私は即興スピーチに備えるため、サンディニスタ民族解放戦線(4)やエルサルバドル内戦(5)、レバノンにおけるアメリカ海兵隊兵舎への攻撃(6)について資料を読みあさった。身近でない人々や土地についても、なるべく自分のことのように考える必要があった。一六歳のシティー・ガールにとって興味の湧くテーマではなかったが、必死になって取り組んだ。当日、ステージで恥ずかしい思いをしたくないと思ったからだ。読めば読むほど自分自身の問題として考えられるようになったし、世界のさまざまな問題について瞠目（どうもく）したことを記憶している。

一九八〇年代以降、教育におけるコンテストは広がりを見せ、内容も洗練されてきた。今日、もっとも優れたコンテストは、リーダーシップ、チームワーク、戦略、クリティカルな思考など目的が明確な活動を扱ったものとなっている。その多くは基本的にシミュレーションであり、しかも明確なゴールのあるものとなっている。今日のコンテストでは、問題解決や架空のビジネスモデル、ロボット開発、国家安全保障の決断、単独での科学的研究の実施などがある。ここに挙

（3）ペアで行う短い演劇パフォーマンス。
（4）ニカラグアの革命組織、政党。一九六一年に結成され、一九七九年にソモサ独裁政権を倒して革命に成功。一九九〇年に選挙で敗れ下野。
（5）一九八〇年に起きたロメロ大司教の暗殺事件をきっかけに、右派政府に対して左翼ゲリラ（五組織）の連合体であるファラブンド・マルチ民族解放戦線が内戦を展開した。
（6）レバノン内戦中の一九八三年、ベイルートにあるアメリカ海兵隊の兵舎が自爆テロに狙われた。

げたものはほんの一例にすぎないが、これらは生徒の興味や意欲に火をつける際に極めて有効なものである。

バスケットボールや野球と同じく、チームワークも養うことができる。マイク・ランパートは九つの全国科学コンクールに生徒を連れていっているが、そのときの様子を、「一緒にピザを食べながら長い時間を過ごし、何についても話し合う、まるで家族のようになった」と述べている（二〇一六年六月一六日面談）。これらのコンテストは、個人レベルの勝ち負けではなく、協力することと目的が大切となる。ランパートは次のようにも言っている。

「今日では、一人で何でもできるルネサンス人のような人はいない。数学が得意でない人はマーケティングが得意かもしれない……さまざまな能力をもった生徒がいて、お互いの能力を活かしあう。そのような場面を見るのは教師冥利に尽きるよ」

数年間、私は同じグループの生徒を五つの州や全国経済コンクールに連れていったことがある。そのときに、お互いの話や変な癖、食べ物の好み、不安、野望などを知り合うことになった。一緒に食事をしたり、観光地を歩いたりする間に以下のような質問をしあうのだ。

「経済学を学びたいんだけど、将来どんな職業があると思う？」

「なぜ、教師になったんですか？　僕もなりたいと考えていたんです」

「ハーバード大学に行きたかったんだけど、あまりにも大変。本当に価値があって、仲間と学び合えるのはどこなんだろう?」

そして、もちろん、ジョークも言い合った。「限定合理性」とは、人は必ずしも論理的な選択をするとはかぎらないことの理由を説明する経済学の用語である。ルームキーをなくすとか、宿題を終えることができなかったなど、起こりうる馬鹿げたことを説明するときに、この言葉は仲間内の決まり文句となった。

経済学クラブの生徒たちは、卒業後もずっと連絡を取り合い、よい友だちでいる。私とも、クラブの仲間同士も、さらには他校の生徒ともである。

なぜ、コンテストを使うのか

「目的意識をもつことがとても大切だと思います。休暇であっても、ただブラブラ歩き回るだけでは楽しめないはずです。しかし、山頂に到達したり、日の出を見たりすると、それが休暇に目的を与えてくれる」と、全米経済学チャレンジ・コンテストチームのアブラハム・チェンは言った(二〇一六年一一月二八日面談)。全米経済学チャレンジ(略称「イーコン・チャレンジ」)とは、経済教育評議会(http://councilforeconed.org/national-economics)が実施しているコンテストであり、私がコーチしているコンテストの一つである。

コーンの著作で競争の欠点について読んだとき、教育の手段としてコンテストを使わないでおこうと思ったものだ。生徒たちにストレスや不安を与えたいと思う教師はいない。また、生徒に「敗者」の気分を味合わせたいとも思わないはずだ。

しかし、自分自身がコンテストを使ってみたところ、アブラハムのように俄然やる気を出した生徒がいたので、今ではやめることができなくなってしまった。コンテストは、ほかのものでは得られないエネルギーを生み出してくれる。生徒は、朝でも、放課後でも、週末でも、夏休み中でも、毎日いつでも集まる。新しい振り返りの質問を発見したり、新しいアイディアを思いついたり、解決できないことが出てきたら、真夜中でも私にメールを送ってくる（もっとも、私は朝までそのメールを読まないが）。

昨年、JAカンパニー・プログラム（JAUSA創設）(7)の生徒がインドと中国に旅行に行ったとき、ずっとビジネス・ボランティアとSkypeで話をしていた。コンテストを教育に使うとすれば、学ぶ場所は学校に限定されることはない。

競争的な活動の間、バスケットボールだろうが、野球だろうが、「イーコン・チャレンジ」であろうが、体内にアドレナリンが噴出し、エネルギーと集中力を与えてくれる。早起きも夜更かしも苦にならない。コンテストは教師をコーチに変え、学びの質を変えるのだ。

「なぜ、これを知る必要があるのか？」といった疑問を思うことがなくなる。コンテストに夢中になっている生徒は、目標と課題に集中しているのだ。先に挙げたジェイコブ（一九三～一九五ページ参照）のように、自問をしはじめるのだ。「さらに知る必要があることは何？」とか「十分に調べたか？」というように。

数年前、私の生徒だった一〇年生の女子生徒が「イーコン・チャレンジ」に向けて準備をしていた。彼女は、クイズの問いとともに、少し遅れて答えが出てくるように自らポッドキャストに録音して、ジョギングをしながら聞いていた。そして、言うまでもなく、彼女はコンテストで素晴らしい活躍をした。一番にブザーを押し、ほぼすべての問いに正解したのだ。

コーンは、競争が内発的動機づけを下げてしまうと主張したが、私が見てきたかぎり、コンテストという場面では成績のような外発的動機づけは重要性をもたなくなるようだ。生徒たちは、ミハイ・チクセントミハイ（Mihaly Csikszentmihalyi）の言う「フロー」の状態に完全に入っていると思われる［参考文献28］。それゆえ、学習経験がより一層深まったのだろう。

（7）ジュニア・アチーブメント（JA）は一九一九年にアメリカで発足し、世界一二〇以上の国々で、青少年のためにさまざまな活動を展開しているグローバルな経済教育団体。

私のお気に入りのコンテストは、ＪＡの「タイタン・コンクール」である（http://titan.ja.org）。ほぼ毎年、私の学校の九年生が参加しているが、成績には関係しない。

「タイタン」とは、二〇三五年に場面設定がされているオンラインの未来型シミュレーションである。二人から四人の生徒がチームを編成して、ホロ・ジェネレーターをつくる会社を経営するというものである。参加者は、全員が同じ業界で競争をすることになる。競争をするために、その業界は複数のセグメントに分けられ、一つのセグメントには六つから八つのチームが競い合うことになる。(8)

各四半期はコンピューターのプログラムによって進行されていくのだが、生徒は六つの戦略的な決定をしなければならない。製品の価格と出荷量に加えて、「マーケティング」、「研究開発」、「投資」、「寄付」という四領域に対して予算をどのように配分するのかを決定する。チームが正しい決断をすると収益が向上し、会社は成長し、評価指標が上がり、競争相手を上回ることができる。もちろん、誤った決定をしたら倒産してしまうことになる。

これらは、決して簡単な意思決定ではない。なぜなら、他チームが行うパフォーマンスの影響を受けるからだ。それは、実際のビジネス界で起きていることである。もし、他チームが価格を下げたら、あるいは新しい機能をいち早く開発したりしたら、あなたの会社は落ち目になっていくことだろう。

このコンテストに参加している生徒の議論を聞くと、まるで企業の戦略会議に出席しているか、ハーバード・ビジネス・スクールのシミュレーションに参加しているかのように感じてしまう。ユハ・ヨー、ドユン・パク、コリン・フリンクというチームのメンバーが、産業部門の競技でほかの五つのチームと競って二位に入った（二〇一六年一二月二〇日授業観察）。

ユハ　マーケットシェアを上げなくちゃ。
ドユン　投資すれば上がるかな？
ユハ　生産量が十分じゃない。
コリン　スメル・オー・ビジョン(9)はどう？
ユハ　もう少しかな……。

突然、四半期が終わる。シミュレーターが示した結果は第三位への転落だった。彼らは原因を知りたかった。

---

(8)　光の回折と干渉を利用して3D映像を作る機械。3DのDVDプレーヤのようなもの。
(9)　映画の上映中に匂いを発生させるシステム。

ドユン　（周りを見回して）グループ6には誰がいるの？

ユハ　我々は第二位のマーケットシェアをもっている。売り上げも一番だ。

ドユン　彼らは何をやったんだろう？　マーケットシェアは奴らよりも高い！　価格を五〇に下げたらどうだろうか？　研究開発費は五〇〇に留めておこう。

（数分後、次の四半期も終了し、彼らは第四位に後退した。）

ドユン　（会社の報告を見て決然と言った）マーケティングをやっているわりには生産が十分でない。

数多くの異なった場面設定のもとで、生徒がこのシミュレーションを競う様子を私は見てきた。デラウエア大学が二〇一二年に実施した国際大会では、ロシア、ポーランド、カナダ、中国の生徒たちと競い、中国に次いで二位になっている。また、セント・ポールのフンボルト高校（生徒の九〇パーセントが「無料ランチプログラム」に登録するほど経済状況の悪い地域にある学校）のクラス内コンテストも実施した。

毎回、同じことを目撃する。それは、生徒が夢中になってビジネス戦略の決定を下し、研究開発、マーケティング、工場の規模、そして最小のコストで収益を上げることなどについて議論する方法を学んでいる様子である（学んでいるということを意識せずに！）。生徒は、講義を聞いたり、教科書を読んだりする方法よりもはるかに効果的な方法でビジネスや経済学の概念を学んでいるのだ。

　フンボルト高校で出会った一〇年生の男子生徒は、チームの工場稼働率を八〇パーセントに保とうとしていると説明してくれた。そして、寄付などの慈善事業にどの程度の貢献をするかについても議論していると話していた。彼は、「会社の名声を上げるには、もっと寄付をすべきだと考えている」と言ったあと、次のように言葉を続けた。

「『あの子たちを見た？　すごいよ。地域に還元しているんだから』と、人々は口にするだろう。そんなふうに言われると嬉しいよね。ずっと一位でいなきゃダメだ。リスクを犯すことはできない」

　その後、彼のチームは三位に順位を下げた。

「楽しいよ。でも、ストレスフルだし、怖い。会社経営というのは思ったよりもずっと難しい」

　コンテストは、生徒たちを新しい世界に導いてくれる。学校や社会、学問といった閉じられた世界から生徒たちを外に連れ出してくれるのだ。エモリー大学で犯罪科学の責任者を務めているメリッサ・マクシ・ウエイド（Melissa Maxcy Wade）[10]は、一九八五年に「アーバン・ディベート・リーグ（Urban Debate League）」を開設した。創設した理由は、社会的なハンディーを抱えた生徒の能力を伸ばして大学進学を可能にするにはディベートのスキルを身につけておくことが必要であるとする彼女の信念によるものだった。

「従来の学校システムを受け入れられずに授業を妨害し、教室から追い出されていた子どもたちがディベートによって開放された。授業妨害をするどころか、教室を歩き回って、『やった、エリート・アカデミーに勝ったぞ。すごいだろ！』と鼻高になるのよ」〔参考文献91〕

一方、スティーブ・ジェンツは、セント・ポール中央高校で「アーバン・ディベート・リーグ」に出場する生徒のコーチをしている。彼は、生徒の変容を見るのが何よりも楽しみだと言っている（二〇一六年一二月一五日面談）。

「私のクラスには、何もしようとはしないが、理屈をこねる生徒が一二パーセントいるんだ。彼らは頭の回転が早くて、議論好きだ。五分遅刻して入ってきた女子生徒が、遅刻していないと言い張るんだ。そんな生徒を、私はいつも追い回しているんだよ」

ジェンツは、ディベートのコーチをする前はアメフトのコーチだった。だから、生徒を競争に巻き込むことの意味をよく知っている。生徒は今、学校に反抗的な態度をとることよりも世界的な問題の解決に興味がある、とジェンツは見ている。

「今年は中国が関心の的になった。生徒は、南シナ海で中国の軍事的存在が高まっていることが貿易において重要になっていることをテーマにして議論をしていた。また、そのようなテーマで議論することは普通の学校ではないので、『クール』だと感じているようだった」

ジャヤナ・グズマンとブランドン・フラワーズの二人は、一二年生のときに初心者レベルでスタートしたが、ジェンツは二人をすぐ二軍チームに引き上げた（二〇一七年一月五日面談）。「一試合も勝てなかったよ」とブランドンが言った。ジャヤナはもうやめたいと思ったし、初心者レベルに戻りたいとも考えた。しかし二人は、「コンコーディア・ムーア・ヘッド・トーナメント」で大きな成長を見せ、のちに「アーバン・ディベート・リーグ」の二軍戦で優勝をしている。

勝利から数週間した放課後、彼らは教室にいた。経験豊かな一軍のメンバーとともに、「全米スピーチ・ディベート協会」の地区予選に初出場するための準備をしていたのだ。彼らは、「グリーン・テクノロジー[11]」について賛成の立場で議論を展開していた。ブランドンが次のように言っていた。

「アメリカ政府は、グリーン・テクノロジーについて、中国と相互に調整をするような枠組みを

(10)　全米の主要都市にある。高校生による政策論議が行われている。(urbandebate.org)

(11)　環境の時代と言われる二一世紀で、企業の発展の鍵を握る技術。新興国の急速な発展による環境破壊を抑えるためのテクノロジーで、大きなニーズが見込まれている分野である。https://www.digima-japan.com/word/ku/2052.php

つくるべきだ。我々が議論してきたグリーン・テクノロジーは、二酸化炭素の回収・貯留だ。しかし、グリーン・テクノロジーはそれだけにかぎられているわけではないだろう」

彼らは、次の段階で何が起こるかについて、思いつくかぎりのことを挙げていった。

ジャナヤ　グリーン・テクノロジーに取り組んでいるときにあるチームに出会ったんだ。彼らは、地球温暖化はよいことだ、なぜなら、それによって中国経済が発展を遂げたのだから、といった趣旨のことをエビデンス・カードに書いていた。

ブランドン　死んでしまったら経済発展も何もないだろう。

ジャナヤ　中国経済がよいと書かれたカードを見つけただけだよ。

（もう一人の代表であるディベーターが口を挟んだ。）

代表　カードに書いてあったのは、グローバル経済はグリーン・テクノロジーに向けて動いているということ。そして、中国はそれに乗り遅れたくないのだろう。

ジャナヤ　（メモを取りながら）そういうこと。

ジャナヤは、まさか自分がディベートをするようになるとは思っていなかったようだ。彼女は「ディベートなんて変わり者のすることだ」と思っていたし、ほかのメンバーのことも少し苦手だった。しかし、ジェンツが彼女を誘ったのだ。彼女が「おしゃべり」だったことと、担任ともよい関係を築いていることが理由であった。彼女はディベートに夢中になり、環境科学と法律に強い関心を示し、大学でもその分野を専攻することになった。

「私は勝つことが好きだし、競争が好き」とジャナヤは言う。「なぜって、勝利を目指して話し合うことのなかに大切な何かが含まれているから。それに、さまざまな視点で物事を見ることができるようになるしね」

ブランドンが慌てて付け加えた。

「僕も議論が好きだ。それも、自分に関係のあることならね。きっと社会科が好きで、世の中の仕組みを知るのが面白いのだと思う。ディベートをするのは、自宅で家族と話をする場合と同じようなものだよ」

ジャナヤとブランドンは、ディベートを通して自ら考えたり、首尾一貫したスピーチや論説を素早く書き上げたり、大切な問題の本質について考えたりすることができるようになった。要するに、民主社会の構成員になったということだ。

「ディベートをはじめたときは、まったく知らないもの同士だった。でも、今は本当にいい仲間よ」と、ジャナヤが言っていた。

ほかのコンテストにも、生徒を深い学びに誘うといった効果が期待できるものがある。二〇一六年、「ハーバード大学入学前生徒経済学チャレンジ」[12]において、フロリダ州セント・ピーターズバーグにあるギブズ高校に勤めはじめた経済学教師のリサ・オールマン・ワーラーに出会った（二〇一六年六月一七日面談）。生徒の大部分はアフリカ系アメリカ人で、低所得者層の出身であった。州のテストで下位三〇パーセントに位置する学校だったが、その学校の教師たちは、そのようなイメージを覆し、生徒に自信をもたせたいと思って奮闘していた。

「ハーバード大学入学前生徒経済学チャレンジ」については、かつてワーラーも耳にしていた。これが、生徒の動機づけになるのではないかと期待したわけである。

「学校の成績だけでは、何の動機づけにもならない」

ハーバードに行くことを伝えたとき、生徒はワクワクしていたが、同時に不安そうでもあった。

「彼らは自己肯定感があまり高くない。よい生徒だが、大きなことが達成できるとは思っていなかったようだ」と、彼女は言う。

ワーラーが連れていった四人の女子性徒は、フィリップ・エクスター・アカデミーやチョート・ローズマリー・ホールといったエリート校の生徒と、ジニ係数、新古典派経済学、ノーベル賞受賞者などについて答える早押しクイズで対戦したが、苦戦を強いられた。しかし、この経験が彼女たちを大いに元気づけることになった。

ワーラーによると、フロリダに帰る途中、生徒の一人が「大学の出願にまだ間に合いますか？」

と質問をしてきたという。彼女の家族には大学卒業者がおらず、彼女も軍人になろうと考えていたようだが、この大会に参加したことで彼女は変わったのだ。

「彼女は南フロリダ大学に出願し、授業料全額免除を得て進学した。彼女は今、大学で政治学を主専攻とし、副専攻として経済学をとっている」

彼女たちが勝つことのできなかったコンテストは、まさに人生の転機となるものだった。ワーラーは、次回は二チームを連れていこうと考えている。

国語教師のキャシー・ウェプリーとウィチタ北高校の同僚は、数年前から「詩の朗読コンテスト（http://www.poetryoutloud.org/）」に生徒を参加させてきた（二〇一六年八月二三日面談）。生徒の多くがヒスパニック系で、ほぼ全員が無料ランチプログラムに登録をしている。「詩の朗読コンテスト」は、生徒に自信を植え付け、自らのコンフォート・ゾーン（一五七ページ参照）から抜け出すための手助けとなるものだった。

生徒は、教室でのコンテストから主な聞き手が生徒である学校コンテスト、そして地区大会、州大会へと進んでいく。一〇年生の女子生徒であるマリエラ・オーネラスは、スティーブン・ク

（12）　http://www.hcs.harvard.edu/huea/hpec_home.php を参照。

レーン（Stephen Crane, 1871～1900）の詩「砂漠にて（In the Desert）」で学校コンテストに優勝した。

「マリエラがその詩を読み上げたとき、私は鳥肌が立った」とウェプリーは言う。「彼女は、普段は口数が少ない。本当に素晴らしい生徒だし、頭もいいし、弁舌も爽やか。とはいえ、彼女がステージに上がって詩の朗読をするとは誰も思わなかった。そんなタイプの生徒だったの。しかし、彼女の朗読は、これまでに聞いたことのないようなものだった。本当に素晴らしかった」

マリエラは、四〇人から五〇人の友だちの前であがっている状態を隠すために、懸命に練習をしたと言う。「去年は少し震えた。しかし今年は、『さあ、しっかりやろう！』と自分に言い聞かせた。震えずにできたこと、自分自身を褒めてあげたいと思う」と、彼女は語った（二〇一七年二月五日面談）。

マリエラによると、彼女はさほど競争が好きなわけではないが、大会に参加する経験はとてもやりがいのあることだと述べている。「詩を朗読することで評価してもらえるのは嬉しいことです」と、彼女は言っている。

もちろん、詩の朗読をしたいと考える高校生はあまりいないだろう。ウェプリーは、授業において詩の朗読回数を増やすことで詩に親しませ、生徒たちに仲間意識をもたせようとした。「詩の朗読コンテストは特別に楽しい一日」であったと彼女は感じた。

「詩を学ぶことへのオウナーシップ（一五〇ページの訳注参照）を与えるだけでなく、詩に親しみ、詩の達人に育ててくれるの」

このような文化面のコンテストや大会が、生徒に輝く機会を提供してくれている。とくに、スポーツがあまり得意でない生徒にとっては貴重な機会となる。

ウィル・チャーンランドは私の授業をとっていたが、「イーコン・チャレンジ」には参加しなかった。しかし彼は、授業内での経済学コンテストにおいて、自分自身が輝く機会を見いだした（二〇一六年一二月六日面談）。

「僕は競争が好きだった。体は大きくないし、運動も得意じゃないけど、勝負することは好きだったから、体育の授業が唯一競争心を発揮できる場だったんだ。でも、残念なことに、スポーツは苦手だったね」

では、負けたときはどうなるのだろうか？　生徒たちの自信や学びにどのような影響を与えるのだろうか。「アーバン・ディベート・リーグ」に取り組んだブランドンとジャナヤのことを思い出してほしい。彼らは二軍に上がったときにひどい負け方をしたのでやめることも考えたが、結局はやめなかった。彼らは、大きな方針転換をしたのだ。ジャナヤの言葉を借りると、「教材として示されていた論点を使うのをやめて、自分たちが考え抜いた論点を使うようにした。また、その場で反論できるように準備もした」ということである。彼らにとって大きな転換点となった敗北が、彼らを成長させていたのだ。

「負けたときは、もっと努力したいと思うものだ」とブランドンは言う。「僕が気づいたもっとも大切なことは、自信をもちはじめると勝ちはじめたということだ」

試合に負けたときは、コーチのかかわり方が生徒の姿勢に影響を与えることになる。スポーツ大会で負けたとき、コーチや先生、そして親でさえも生徒を叱りつけ、非難し、自尊心を奪うような場面を私たちは何度も見てきた。生徒にとっては打ちのめされるような体験であっただろう。しかし、私たちは生徒に、美しい勝者になり、潔い敗者になることを教えられるし、勝ち負けよりも個人のパフォーマンスに焦点を当てて考えさせるきっかけを提供することもできる。

コーチとして私が難しいと感じたのは、二〇一四年に「イーコン・チャレンジ」の地区大会に出場したときで、非常に有力なチームが僅差で負けたのだ。四人中三人の生徒は（その一人は私の息子だった）、前年に全米三位になっていたこともあって、地区大会の段階で負けるわけがないと思っていた。一つの大会、一つの誤答で、彼らの一年は終わった。

私は、生徒が負けたときにどのように接すればいいのかについて訓練を受けたことがなかった。しかし、負けたことを理由にして生徒を責めたいとは思わなかった。生徒同士でも、責任のなすりあいをしてほしくもなかったし、絶望感に沈んでほしいとも思わなかった。四人の有能な生徒だったし、私が落胆しているとも、負けたことに執着しているとも思ってほしくなかった。

数週間後、ハーバードの大会に行った。こちらは予選もなく、楽しむことが目的の大会だった。私たちは、ボストン・フリーダム・トレール(13)に関する歴史の一コマを演じた。一人の生徒がツアーガイド役をやり、馬鹿げたつくり話を披露した。ミスター・バートリーのハンバーガーショップ(14)に行ってアイスクリームを食べ、インソムニア・クッキー(15)も食べた。行き帰りはホテルのシャトルバスに乗り、次の日は二台のウーバー・タクシーに分乗した。

ミネソタ州に帰ったときには、敗北のことをすっかり忘れてしまっていた。その日からほぼ一二か月が経ち、四人のうち三人が残ったチームが全米チャンピオンになったのだ。敗北によってダメになるどころか、むしろやる気を出したということだ。生徒の一人アブラハム・チェンの記憶では、敗北は驚きであったが、絶望的なものでもなかった、ということである。

「屈辱的ではあった。だから、僕たちは今度こそよい結果が出せるように、今まで以上に準備をしたんだ。高校生活の最後を飾りたい気持ちがあって、ものすごくやる気が出たよ」

---

(13)　アメリカ・マサチューセッツ州ボストン中心部の道路に描かれている赤いレンガの線の入った歩道のこと。アメリカの歴史にかかわる市内の主要な観光地一六か所をめぐることができるようになっている。
(14)　ハーバード大学前にある老舗のハンバーガーレストラン。
(15)　でき立てのクッキーが食べられることで有名なクッキーのチェーン店。

コンテストをどうやって授業で使うのか

私が最初に生徒をコンテストに連れていったのは、一九九八年の「ミネソタ歴史の日」であった。これは、「移住」や「イノベーション」といった年間テーマに関連した歴史的な調査活動をチームで行うものである。そのころ、私は歴史教師になって二年しか経っていなかった。一年目の秋には、「歴史の日」のワークショップに参加している。そのため、一年目、二年目ともに生徒を連れて州大会に参加している。それは、度肝を抜かれるような素晴らしいものであった。

各テーブルには、一次資料(16)を使った綿密な調査とそれらへの深い分析が、まるで博物館の展示かと思われるほど埋め尽くされていた。強い学習動機をもった生徒であれば、これほどまで高度なことができるのだ、と私は気づかされた。

私が、一九九九年にジャーナリズムを教えはじめ、学校新聞への助言をはじめたとき、授業をとっている生徒をコンテストやコンクールに応募させることにした。そうすることで、助言者としての私の意見だけでなく、外部にいる評価者の意見に生徒を晒したいと考えたからだ(生徒たちは州レベルでは評価されたが、著名な「全米ペースメーカー・アワード」のようなコンテストのファイナリストになるまでに一三年もかかっている)。

数年後、私は生徒を「イーコン・チャレンジ」と「JA」に、その後、「パーソナル・財政チャレンジ」、「JA企業プログラム」、「国際経済学サミット」、「連邦準備銀行論文コンテスト」（第4章参照）に参加させている。そのほか、「H&Rブロック・予算チャレンジ」（複雑な個人金融シミュレーション）、地域の飲食店協会主催の「法の日エッセイ・コンテスト」（毎年、公民権の問題を取り上げている）などにも参加している。ただし最近は、これらには参加していない。すべてに出場するだけの時間がないのだ。

このような大会を見つけるのはそれほど難しくない。研修会などでこれらの大会に出合っているし、ハガキやパンフレットが送られてきた場合もある。大会のスポンサーは参加者が増えるように働きかけているし、お金を出してくれたり、運営ボランティアを出してくれたりするスポンサーもいる。問題なのは、大会を見つけることではなく、どの大会を選ぶかである。生徒に最大の学びを提供してくれる大会はどれなのか、そのような学びの機会をどのように学校のカリキュラムや部活動に結びつけるのかが重要で、大会数の多さに圧倒されてはいけない。

エッセイ・コンテスト、スピーチやディベート大会、ジャーナリズム・コンテスト、詩の朗読、

---

(16) それ自体で完結したオリジナルな情報を収録している資料。一次資料をもとに、考察を加えた論文やそれをまとめた教科書などは二次資料となる。

ロボット・コンテスト、科学オリンピック、サイバーパトリオット[17]、数学リーグ、科学や数学の授業に関するリサーチ・コンテスト、シャーク・タンク[18]、商業、経済、起業のためのDECAコンペ[19]、ヒストリー・デイ、アカデミック・デカスロン[20]、社会科クイズ・ボウルなど、数えきれないほどある。興味のあるテーマでGoogle検索をすれば、実に多くの選択肢を見つけることができるだろう。あとは、どれに挑戦するかを決めるだけである。

コンテストを高校のカリキュラムに統合する方法は四つある。

❶一日を日程としている大会に参加する（JAタイタンなど）。

❷大会に合わせて授業を再構築する（イーコン・チャレンジでは、これをやった。シャーク・タンク風の授業や歴史の日、ロボットコンテストの授業もある。マイク・ランパートは、成績優秀者たちにはインテル科学エンジニアリング・フェアへの参加を義務づけている）。

❸授業のプロジェクトの一部に大会を組み込む（「歴史の日」と「国際経済サミット」をこの方法でやっている）。

❹課外活動として取り組む（ディベート、模擬裁判、数学チーム、スピーチ・チーム）。

二〇〇八年、チームを「イーコン・チャレンジ」に連れていきはじめたとき、大会にあわせて授業を再構築するという方法をとった。そして、同僚たちに、同じ方法で授業を変えていかないかと提案した。私たちは、四〇〇人を超える経済学履修の九年生を対象にして、コンテストに向けて準備をさせた。生徒たちには、「チャレンジ課題」と地域大会をもとに作成した「授業課題」の二つを与えた。要するに、クラス内でミニ大会を実施したわけである。そこで生徒はチャレンジ・テストを受け、クイズ・ボウルで競った。九年生にすぎない生徒たちは、「エコフリーコス」といったチーム名やロゴをつくって楽しんだ。

チャレンジ・テストは、通常のテストとは異なって戦略とスピードが要求されるので、生徒はかなり刺激を受けることになる（成績には加味されない）。通常の授業や期末テストをかなり超えた内容を学ぶことになるため、多くの初学者は、「イーコン・チャレンジ」だけで経済学における弾力性やゲーム理論といった概念を覚えてしまうことになる。

---

(17)　サイバー・セキュリティやテクノロジー、数学など理工系に関心のある生徒が仮想ネットワーク防衛の技術を競い合うコンテスト。

(18)　全米からやって来るビジネスオーナーたちが、「Sharks」と呼ばれる投資家たちの前で自分のビジネスをプレゼンし、投資してもらうというアメリカのテレビ番組。

(19)　(Distributive Education Clubs of America) ビジネス界における次世代リーダーを育成する高校生のためのプログラム。

(20)　(United States Academic Decathlon) 学業面での十種競技のことで、美術、経済学、エッセイ、インタビュー、言語と文学、数学、音楽、科学、社会科、スピーチが対象となっている。

現在、ウィートン大学で経済学を専攻しているソラ・オラテーユが経済学を選んだのは、このクラスでの大会があったからだ。ソラは次のように言っていた。

「他者と競争することから来る喜びや衝動といったものは格別なのだろう。僕がそれまでに受けてきた授業とはまったく違ったスタイルだったよ。『学ぶべきこと』を『学びたいこと』に変えるんだから」（二〇一六年一〇月二六日面談）

ソラは、九年生で地区大会の参加資格を得た。セント・トーマス大学とミネアポリスの連邦準備銀行に行くために、学校を休んだことをはっきりと覚えている。

「みんなドレスアップしていて、プロフェッショナルに見えた。経済を生業にしているプロに会えるんだよ。そして、ほかの高校にいる優秀な生徒にも会えるんだ。素直に『すごい』と思うよね。僕もかなりできると思っていたけど、まだまだすべきことがあると思ったよ。その経験は、可能性の基準を引き上げてくれたと思う」

通常の経済学の授業をやめたときに私は、「イーコン・チャレンジ」を課外活動として行うことにした。今では、上級レベルの生徒たちが毎週始業前に（時には週末）顔を合わせてクイズの練習をしたり、お互いに教え合ったりしている。また、ほかの経済学クラスから来る通常レベルの生徒に対する練習に関しては、そのほとんどを上級レベルの生徒がやってくれている。

三月、大会の季節が近づくと、両チームともこの練習にほとんどの時間を割くようになる。練習のなかで生徒は難しい問題をお互いに出し合い、考えている。ちなみに、私のところに質問に来ることはほとんどない。リーダー格の生徒は、後輩を育てることにプライドをもっているのだ。「多くの人は、競争についてかなり激烈な意見をもっている。しかし、共通のゴールに向かって学んでいるとき、それは真の協働になるよ」と、アブラハム・チェンは言っている。

次に挙げるのは、二〇一七年に交わされた上級チームの会話である。

新メンバー　設問11についてだけど、労働の限界生産物は小麦のそれの二倍なので、より多くのトウモロコシを生産できることを意味しないか？　そうすれば、より高い値段にすることができる。

キャップテンの一人　でも、限界生産物の価値が両方とも同じであることを忘れてはいけないよ。限界生産物が二倍の値段となるのなら、値段は半分にならないとダメだ。生産物の総価値は同等でないといけないんだから。

ほかの生徒　それが役立つなら考えてみるけど。労働の限界生産物は資材所要量計画よりも簡単だよ。

（新メンバーはうなずき、さらに続けた。）

ジェイコブ・ウェイトマンとアブラハム・チェンの二人は二〇一五年に行われた「全米イーコン・チャレンジ」の優勝チームにいたが、コンテストに向けて準備することによって、テストでよい点数を取る方法よりも深く理解するための学び方を知ることができたと述べている。二人にとって重要だったのは、本当に理解できているかどうかであった。そうすることで、お互いに説明しあうことができるからだ。

アブラハムはこのコンテストに参加したことで、大学に入ってからの難しいテストに備えることができたと言っている。カリフォルニア大学バークレー校に進んだ彼は、学生が学ぶべきことを教授がすべて教えてくれると思っていてはダメなんだ、とも言っている。常に自分で求めて、新しい知識を求める姿勢をもつべきだ、と。

「バークレーに在学したこととイーコン・チャレンジに出場してよかったと思ったのは、数か月前にやった問題に再び出合ったときさ。『あー、これ簡単』と思えた瞬間だよ。この変容を見れば、自分が進歩していることが分かるよ。より高みに上るためには苦闘しなければダメだ。技術系の授業に置き換えて言えば、完全に身について、その技術が自分の体の一部になってしまったような感覚かもしれないね。高校では、普段はテストに向けて猛烈に勉強するが、その内容はすぐに忘れてしまう。でもコンテストは、学ぶことに対してより総合的なメンタリティーを与えてくれると思う」

これまでとは少し違う方法ではあったが、授業に取り入れたもう一つの大会がある。ボイズィー州立大学が運営する「国際経済サミット（econsummit.org）」である。サミットで生徒に課せられるのは、三人から五人のグループで一つの国について調べ、その結果を模擬的に実施される貿易サミット（日程は一日）で発表するというものである。

この大会の課題はとても巧みに設定されており、ドイツやカナダのような裕福な国を取り上げる生徒もいれば、アルゼンチンのような経済的に中位に位置する国、ウガンダのような貧困な国を取り上げる生徒もいる。取り上げた国の目標を達成しなければならないのだが、その目標は国によって異なっている。輸出するための石油が豊富にある国もあれば、ツーリズムやテクノロジーで勝負する国もある。生徒は、どの国と協調し、貿易し、自国にあるどの会社に投資するかを考えなければならない。現実に近い、「戦略的ボード・ゲーム」と呼べるものである。

学期の間、生徒は詳細なリソースマップを作成する。GDPやインフレ、貨幣価値などの経済的なデータを調べたり、選んだ国の貿易パターンなどについて研究をしてサミットに備えるのである。つまり、マクロ経済学の授業で学んだことをすべて応用するということだ。そして、五月のAPテストの直前にサミットの日が訪れる。その日は、きれいな資料展示、衣装、食べ物の試食、交渉する大きな声が飛び交う混沌の一日となる。

二〇一六年、私は同僚とともに、サミットに参加した生徒がサミットをどのように評価したか、またそこから何を学んだのかについて調査を行った。一二〇人に上るＡＰマクロ経済学の生徒のうち、九〇パーセントが「もう一度やりたい」と言い、五〇パーセントが「入念に戦略を立てることを学んだ」と語った。次に挙げるのは、後輩たちへのアドバイスである。

「輸入目標を立てる前に、どの資源が不足しているかを明らかにしておくこと。私たちは、軍需品の低い供給と高い需要のために目標を達成することができなかった」

「貿易には積極的な姿勢で望め。時間を無駄にするな」

「先延ばしをするな！　仲がいいからという理由でグループを選ぶな。人が貢献してくれることに集中せよ。グループに追い回されるな。何をしているかが分かっていて、人の決定や意見を尊重できるリーダーを選べ」

ネイト・モラーのチームは台湾を取り上げた。このチームは、誰が誰と交易をしているかについて書き出したスプレッドシートを連携先に示し、売り手の寡占状態をつくりあげた。

「ほかの国と交易をするために全体的な戦略を考えること、そして、相手が何をするかが分からない状態は、とてもやりがいのあることだった」（二〇一七年一月二六日面談）

ビビアン・ガオのチームはインドネシアを取り上げた。このチームは、発展途上国であるにもかかわらず、貿易目標をほぼすべて達成することができた。彼女らは、財政的に豊かな国の一つから経済援助を勝ち取るように努力したが、裕福な国は貧しい国に金銭的な支出を強いることを知って腹立たしい思いが残った。彼女は、サミットの競争的なところが好きだと言っていた。
「サミット全体の雰囲気は、衝撃的と言えるくらいのものだったわ」(二〇一六年一月二六日面談)

高校生の大会で人気があって、現在も発展し続けているのがロボットコンテストである。二〇一六年には、七万八〇〇〇人を超える高校生、三〇〇〇を超えるチームが参加した「ファースト・ロボットコンテスト（http://www.irstinpores.org）」が開催された。また、二〇か国から六〇〇チームが競った「ファースト・グローバル・チャンピオンシップ」もあった。私が住んでいる地域からはアイアンデール高校の「ナイト・クロウラー」というチームが参加したが、このチームは、過去四年間、全米大会に進出している。

キャプテンのニーリー・ドレイクによれば、ロボットコンテストは数か月間、集中的に、実に多くの異なるスキルを寄せ集めて協力しないと勝ち抜けないという。ロボットそのものをつくる生徒、CADや3Dプリンターで部品をつくる生徒、動かすためのプログラムを書く生徒、ロボットを操作する生徒、広報活動をして寄付金を集める生徒、大会で協力しあうほかのチームを探し出す生徒などである。「五〇キロを超えるロボットを自分一人でつくることなんかできないよ」と、ニーリーは言っていた（二〇一六年一二月一二日と二〇一七年一月七日面談）。

二〇一七年の「ファースト・ロボット・チャレンジ」の概要発表があった日は、凍えるような一月の土曜日であった。ニーリーは、その日の朝に集まった四〇人の一人だった。世界中のチームに対して、ビデオ・ストリーミング形式で映像が流された。その映像では、大会の様子をバーチャルに体験できたほか、ロボットのスペックに関する詳細な説明もあった。そして最後に、コンテスト・マニュアルにアクセスするためのパスコードが生徒たちに示された。

チーム「ナイト・クロウラー」は、いくつかの小型のロボットとそのプログラムをつくった。そのロボットは、上段の幅が五〇センチのゴールにプラスチックのボールを一秒間に八個から一〇個を放り込むことができるほか、飛行船に歯車を運んでロープを上らせることができた(21)。

発表を聞いたあと、チームは小グループに分かれた。ニーリーはマッチ・プレイと安全に関するルールを読むグループを率いた。彼女は、グーグル・ドキュメントを仲間と共有し、ほかの生徒はノートパソコンを持って図書館のテーブルに集まった。

ニーリー　装置を打ち出してはいけない。放り投げることができないということ。

メンバー　電池を落として、残していってはいけない。

ニーリー　持参できるロープについても決まりがある。

メンバー　ネットワークに不正侵入することも禁止。「いかなるチーム、そのメンバーも他チームのネットワークに干渉したり、干渉しようと試みてはいけない」とある。ワイアレス・ネットワークも使えない……それと、試合中はバナーにも触っちゃいけないの。

（そのとき、ニーリーがバナーに触ってしまい。「おっと危ない」とおどけた。）

彼女たちは、会話のなかで他愛のない言葉遊びをしたり、突っつきあいをしたりして楽しんだ。「十分なギアが手に入らないと思う。一チームが一、二個取れるのに、燃料計算を素早くしないのはバカだよ。スコアが入らないんだから」

彼女たちの友情は、大会後二週間が経っても変わることなく続いた。

ロボットづくりの段階でニーリーは、月、水、金曜日の放課後と土曜日にミーティングをもつなど、週のうち一三時間をこの活動に割いた。

「ロボットづくりの最終局面では、ともかく時間が足りなくて……みんな真夜中までやっていたわ」

(21)　競技の説明は動画参照。https://youtube.com/watch?v=EMiNmJW7enI

ニーリーは、大会がなくてもロボットづくりは楽しめたかもしれないと考えている。「しかし、大会に向けて取り組んでいるという意識が、何か重要な要素を加えてくれたと思う。メンバー全員をハードワークに駆り立てるという点でね」

「ナイト・クロウラー」のロボット製作チームのキャップテンであるベン・ヤングが、「大会はとてもいい雰囲気だった。とてもエネルギッシュだけどサッカーのように野蛮にはならずにね」と言ったあと、次のように言葉を続けた。

「チームが一対一で対戦するわけじゃない。ある試合ではこのチームと組み、ほかの試合では対戦相手になる。感情的なわだかまりもなくなるよね。みんなが、お互いの技術に対してプロ意識をもって尊重しあえているからね。地区大会では、成績のよくないチームがトップチームに助けてもらうことはよくあることさ」（二〇一六年一二月一四日面談）

ある大会で「ナイト・クロウラー」は、中国本土から来たチームがロボットの修理を必要としている場面に出くわした。そのとき、すぐに手伝おうとした。

「そのチームのロボットが再度フィールドに出て、ゲーム中に動いたときはとてもうれしかったよ。素晴らしい光景だった」と、ベンは振り返っている。それでも、やはり競争的な側面が重要なポイントだとベンは考えている。

「僕は負けず嫌い。コンテストこそが、僕をチームに駆り立てたものだと思うよ」

コンテストを授業で使ううえでの課題

コンテストは、悪い結果をもたらす危険性も秘めている。勝負に負けたことで落胆を感じる生徒、チームから排除される生徒、役割を見いだせない生徒などが出てしまうことである。これについては、私もよく理解できる。私自身、中高生のときにさまざまなことにトライしたが、そのいずれからも弾き出されていた。チアリーダー、バレーボール、テニスといった運動系のスキルが求められる活動では、私はどうやっても上手くいかなかった。つまり、私は落胆し続けていたわけだ。

この問題に対応するために二つのことが重要となる。一つは、生徒が加わるチームに多様性をもたせることである。そうすることで、チームから排除されずにすむ。もう一つは、課外活動としてやるだけではなく、授業に組み込むことである。すべての生徒を「イーコン・チャレンジ」に連れていけるわけではない。今私は、初期レベルの生徒を四人一組にして二チームしか見れない。それが、このような活動を授業に組み入れることが好きな理由である。

授業であれば、すべての生徒が経験することができる。私たちは、「ＪＡタイタン」に学校にいるほとんどの生徒を取り組ませることができると考えているし、実際にそうしている。加わらないのは、通常の経済学の授業を飛び級してAPクラスに上がる生徒だけである。しかし、そのような生徒も、APマイクロ経済学をとれば参加することができる。

APマクロ経済学の生徒は、全員が「連邦準備銀行エッセイ・コンテスト」に参加している。同じように、ウィチタ北高校のキャスィー・ウェンプリーは、国語の履修生徒全員を、学校、地域、州のコンテストに参加しないまでも、クラスでの詩の朗読大会には参加させている（この高校には六つのAPクラスがあり、多様な生徒が学んでいる）。彼女は、低学力の生徒にも詩の朗読をやらせている。低学力の生徒の多くが詩を読むことに課題を抱えているが、そのような生徒を巻き込もうとしているのだ。

「私が生徒と成し遂げたいと思っていることは、そのよさや意味を理解できる詩や、心から共感できる詩に生徒たちを出合わせたいということです」（二〇一六年八月二三日面談）

コンテストを導入することの二つ目の課題は、勝負を強調しすぎずにコーチすることの難しさである。私たちは生徒に粘り強さを教えたい。また、生徒に物事を正しく判断できるようになってほしいと思っている。「ファースト・ロボットコンテスト」は、これをするための素晴らしい方法を教えてくれている。つまり、「潔いプロ意識」に焦点化するのである。ニーリーは、このことを次のように説明してくれた。

「敗北はよいことではないわ。でも、時には受け入れざるをえないの。また、勝ったとしても、自慢するような態度を取ることはあまりよいとは言えません。『よき勝者』でなければならないということです。『いいゲームだったね』と言い合えるように。だから『ナイト・クロウラー』は、ロボットが故障した中国チームを助けることに躊躇しなかったのよ。問題を抱えている相手に勝とうとは思わず、ほかのチームとよい戦いをしたいと思っているの」

コーチが敗北をどのように扱うかによって、とても大きな影響が出てくる。数年前、「全米イーコン・チャレンジ」において、トップチームがライティングのラウンドで信じられないほど酷いパフォーマンスをしたことがあった。何が起きたか分からなかったし、採点ミスじゃないかと疑ったほどだった。もちろん、生徒も動揺していた。

大会の最終日、ほかのチームがチェルシー桟橋からのボートクルーズに行ったとき、チームのコーチはメンバーをバッティングセンターに連れていったり、スケートリンクに連れていったりして楽しませた。そうすることで生徒は気分転換することを学んだし、勝つことよりもチームや友情に価値があることを再発見したのである。

もちろん、時間とリソースがかぎられていることがコーチにとっては最大の課題となる。多くの教師は、一日の終わりには疲れきってしまい、家に帰りたいと思うものだ。とくに、山のように採点があるようなときはそうだろう。

スポーツチームのコーチは、すでに放課後の数時間は拘束されている。文化的な大会に参加する生徒をコーチする教師も、通常業務以外の時間を当てなければならないときがあるし、しばしばそれはサービス業務となることが多い。「教師としての仕事は、一日の終了ベルが鳴ってからはじまるといつも言ってるよ。そのあとに、多くのコーチングをするのだから」と、ランパードは言っている。

言い古された表現だが、教育においては、目に見える結果のみに価値があるわけではない。生徒が夢中になって学んでいるとき、その熱気を冷ましたいとは誰も思わないだろう。アブラハムのような生徒が、税や消費者余剰についての問題が分からなくて質問に来たとき、「時間がないから」と言って追い返すようなことをするだろうか？

私の部屋に生徒がたむろしていたことがある。ジャーナリズムの生徒が編集のために来ていたり、「イーコン・チャレンジ」の問題を練習している生徒がいたりした。また、「JAカンパニー」（二〇二ページ参照）の戦略を立てている生徒がいたこともある。教師であるなら誰しも、生徒の熱意を常に感じていたいはずだ。

教師のコーチングにおける負担を下げるために、生徒をキャップテン／リーダーとして育てることもできる。私の代わりにリーダー格の生徒が、練習や模擬会社のミーティングなどを取り仕切ってくれるのだ。その様子を見て、私は時折アドバイスをする。複数の仕事を抱え、授業の準備をしたり、採点をしていたりする私に、生徒が質問をしてくるからである。

セント・ポール中央高校でも、ディベートの生徒が同じことをしている様子を見たことがある。コーチのジェンツが、隣の部屋でビデオゲームクラブを指導しながら、上級ディベーターのジャナヤやブランドンの準備を手伝っていた。


多くの教師が、大会に参加するための資金不足に悩んでいることも一つの大きな課題となっている。一日に三〇〇ドルかかるバス代や、学校外でのコンテストに行くためにかかる地下鉄代などの交通費を払うことさえ大変なのだ。それだけに、管理職の理解がとても重要となる。

幸い私は、課外活動に理解があり、それが生徒を学びに向かわせるために大切な方法であることを知っている管理職に恵まれた。前掲した経済学教師のリサ・オールマン・ワーラー（二一二ページ参照）も幸運だった。校長や学校評議会の強いサポートがなかったら、フロリダ州セント・ピーターズバーグの生徒を「ハーバード大学入学前経済学チャレンジ」に連れていくことはできなかっただろう。同校には、それが可能となる裕福な家庭の生徒はほとんどいない。

多くの教師にとって、外部団体のサポートも重要となる。多くの企業が、社会貢献の一環として教育面で役に立ちたいと考えている。企業のそのような思いを逃す手はない。ぜひ、こちらから働きかけたいものだ。

ＪＡは、タイタンを運営したり、ボランティアのメンターを派遣してくれる。ニーリーのロボットコンテストチームは、「メドトロニック」[22]をはじめとして、「グループ基金」や「ベストバイ子ども基金」のような地元のスポンサーを見つけてきた。これらの組織は、金銭的な支援だけでなく、プログラミングやＣＡＤのスキルを教えるといったメンターも派遣してくれている。

資金を獲得するために企画書を書くこともチームの欠かせない役割となる。これは、ＮＰＯが実際にやっていることである。もし、チームが全国大会に出場すれば、スポンサーは旅費を十分に出してくれることになる。そうすれば、生徒は大会に参加することができるのだ。

Q　一度もコンテストを利用したことがありません。どうやってはじめればよいですか？

A1　まずは、大会に出場してみることだ。大会にチームを参加させようと考える前から、経済教育のミネソタ協議会は私にハガキを送り続けてくれていた。私は、生徒が興味をもつと考えたこともなかったし、生徒には参加する力がないと思っていた。もちろん、大会で出される項目のすべてを教えているという自信もなかった。しかし、一度参加してみると、すっかりはまってしまった。通常クラスの生徒が地区大会を勝ち抜いて、州大会に進んでいる。その生徒は、チームの一員として再度参加できることをうずうずしながら待っている。

A2 大会から学ぼう。会場に行ったら注意深く観察し、メモを取り、質問をし、もう少しやっておけばよかったと生徒が感じたことを、しっかりと振り返らせる。私は、公開された「クイズ・ボウル」の問題を保存しているし、メモも取っている。そうすることで、翌年の指導に備えることができる。

A3 研修があったら活用する。今、「イーコン・チャレンジ」に参加したことのない教師の研修において私は、秘訣を教えたり、無料の教材を提供したりしてかかわっている。あなたのメンターを見つけることができたり、ほかのチームを観察したりする機会があったら、その機会を逃すことなく積極的に学ぼう。

A4 あまりお金をかけないようにする。小さくはじめて、それを積み上げていけばよい。「イーコン・チャレンジ」は参加費が無料だし、スポンサーがTシャツや会場での食事を負担してくれる。上位レベルのコンテストに進めば、旅費も出してくれる。

A5 教室でコンテストを開催する。大会に出場できない生徒のためになる。ニュージャージー州の数学教師アン・マルキアノは、三角関数の意義を生徒に理解させるために「三角戦争」

（22）（Medtronic）心臓ペースメーカーを中心とした医療機器の開発・製造・販売を行う会社。

という大会を使用した（二〇一六年八月二四日面談）。

生徒たちはカードをつくり、戦争というトランプ遊びと同じようなゲームを行った。二人の生徒がカードを引き、大きいほうが二枚とも取る。たとえば、「tan 45°」は「1」なので、「sin 30°」は二分の一に勝つというルールだ。勝ちたければ、それぞれの値を知る必要がある。一年間実施したところ、カードは一二〇枚から一五〇枚まで増えたという。それを使って、ダブル・エリミネーション方式(23)のトーナメント戦をやっているともいう。

Q　コンテストを利用して、どのようにより深い理解や知識の習得を促せばよいですか？

A1　研修会やソーシャルメディアを通じてほかの教師とネットワークをつくり、効果的で有意義な大会を探す。大会の目的が、あなたやあなたのクラス、また学校にとってふさわしいものなのかよく調べる。「イーコン・チャレンジ」については、多くの多肢選択式テストを使うこともあって続けるかどうか迷っていたが、生徒が準備のために深く学んでいる様子を見て私は考え直した。それらの問いは、単なる用語の知識を問うものではなく、多くの知識や応用、分析を求めるものであったからだ。

A2　チームワークや協働、そして生徒同士のコーチングが実現できるような大会を選ぶ。できる生徒が教えることは時間の浪費であり、また生徒同士のコーチングに対しては批判もあるが、私には、チームにおける生徒同士の協力は内発的に動機づけられたものに見えた。

A3　生徒が何を学んでいるのか、何を学びうるのか、よく観察する。「イーコン・チャレンジ」に参加する生徒が、私の経済学の知識を上回ることも珍しくない。私は素晴らしいことだと思っているが、それを望まない教師もいる。私は、答えられない質問をぶつけられたら、喜んで同僚や経済教育協議会で知り合った大学教授に聞くことにしている。

Q　生徒の評価はどうすればよいですか？　また、授業がうまくいったかどうかについてはどのように評価すればよいですか？

A1　競争を導入したクラスの学力と態度の変容を測定する。入門経済学のクラスで「イーコン・チャレンジ」を使っていたときは、単位を落とす生徒が出てくると思えなかった。苦労した生徒はいたが、学びたいというエネルギーが勝り、生徒を引っ張ったように思う。

A2　「国際経済サミット」のときにように、生徒のアンケートを取る。私たちは、「それらは、教育活動としてサミットをどのくらい評価するか？」、「サミットのもっとも価値のある点は何か？」、「もう一度サミットをやるとすれば、何にもっと時間を割きたいか？」などをはじ

---

(23)　二回負けたらトーナメントから除外されるというもの。

めとして六つの質問をしている。

A3

地元や地域の大会の結果を、価値あるフィードバックとして活用する。生徒は力を発揮したか？　他校の生徒と比べてどうだったか？　欠けているスキルや知識は何か？　私の生徒が初めて普通レベルの「イーコン・チャレンジ」に出場したとき、地区優勝を飾っている。しかし、その後、何年間も発展レベルでは勝てなかった。そのころは、私が答えられなかったり、説明できなかったりした問題もあったが、その後も参加し続け、質問を出し続けて指導方法を改善している。

第７章　本物の課題――責任を負うことの価値

サマンサ・カルソーは一二年生のとき、シナジークラブ[1]に「自転車で学校に」という活動のスポンサーになってほしいと思っていた。校長の返事は「ノー」。車道と区別された自転車専用レーンがないことや、歩道が途切れていることがその理由であった。学校としては、生徒を危険にさらすような活動に対して支援することはできないと考えた（二〇一六年一〇月一〇日面談）。

サマンサの友人が、近所の交差点で自転車に乗っていて、交通事故に遭って怪我をした（高速道路のフェンスを飛び越えた）。その友人とブレインストーミングをして、サマンサは

（1）生徒が環境問題や地域社会に関心をもつことを目的とした、著者の勤務校が取り組んでいる独自のクラブ。

より大きな問題に取り組むことを決めた。その問題とは、地域に安全な自転車専用レーンがないということだったが、どこから手をつけてよいか分からなかった。そこで私は、まずは州議会にあたってみてはどうかと提案した。

数か月後、サマンサと彼女の友人は議会への働きかけをはじめた。議員にメールを送り、生徒や先生に意識調査をしたり、署名を集めたほか、危険な交差点を記入したグーグル・マップを拡大して印刷した。アメリカ赤十字とも協力し、スピーチの原稿づくりや練習に何時間も費やし、最終的にはミネソタ州議会の交通委員会において、「学校への安全な道づくり法案」を提案した。

法案の公聴会で彼らは問題点を説明し、準備した地図や図表を見せ、議員に強い印象を与えるために個人的なエピソードも語った。

「私の友人の一人は、いつも自転車で通学しているけど、ガードレールのところで自転車を持ち上げなければならないのです。これも、安全面からは問題です」

サマンサは、ガードレールの写真を指差しながら、このように委員会に語りかけた。

彼女たちの訴えは委員会を動かし、地域の歩道システムの一部として自転車道を実現させている。同時に彼女たちは、立法のプロセスや個人ができることについて驚くほど多くのことを学ぶことになった。

「自転車専用レーンを通るたびに、『これは私が実現したことなのよ』と思うと、少し誇らしく感じた」とサマンサは言う。「それは私の自転車道。高校生でありながら、立法や政治に多少なりとも影響を与えられたことは驚きだった」

サマンサはこのプロジェクトの前から熱心な生徒だったが、自分たちの利益につながるリアルな課題に取り組む機会をもったことで彼女の心が動いた。通常の学習とは格段の違いである。彼女は一二年生だったが、やり繰りをして五〇時間を超える時間を費やしたのだ。

「家の近くのことだったから」と彼女は言う。「歩道に足りないものがあることは誰もが知っていた。私たちをこの問題に駆り立てたのは、自転車で学校に行きたいという願いだったの。そのころは行けなかったから。そのことが私たちを動かしたのよ」

「本物の課題」とは何か？

大晦日だった土曜日の午後、地域のコミュニティーセンターに七人の高校生が集まっていた。その後ろでは、この日に開催されるパーティーの飾り付けが行われていた。しかし、生徒はノートパソコンの画面に釘付けとなっていた。コストを下げるにはどうするか、値段をいくらにするかなど、マーケティングの改善や生産の維持などについて話し合っていたのだ。

ナンディニ・アヴラ　クリスマス用のバッグは筆箱ほど売れなかった。筆箱をもっと効率よく生産する方法を考えないといけない。それができることだ。もっとファスナーがいると思う？

ヨージン・ファン　うん、白と黒のファスナーがもっといる。

ナンディニ・アヴラ　（左にいるシェリー・ワンを見ながら）もっと注文できる？

シェリー・ワン　うん。

ナンディニ・アヴラ　各担当のなかで、ノルマを設定することを考えているんだ。生産については、週に四つのバッグをつくることができる？

シュリパルナ・パトナヤック　毎週？

ナンディニ・アヴラ　そう。ミシンが足りなくてバッグをつくれないなら、長方形に切るといい。

（二〇一六年一二月三一日、二〇一七年一月九日グループ面談）

本章の冒頭で紹介したサマンサのように、生徒たちは仕事に没頭していた。セイソー（SaySew）という手づくりの筆箱を生産販売しているプロジェクトは、単なる学校のプロジェクトではなく本物のビジネスだった。生徒たちは、顧客についてだけでなく、商品目録や値付け、販売戦略についても考える必要があった。エトシー（Etsy）[(2)] のサイトに掲載するかどうかや、需要にこたえられるかどうかについても決める必要があった。休みを取ることもままならないという状態であった。

「先延ばしできないし、放っておくこともできない」と、ナンディニはのちに語っている。「まだまだ注文が増えるだろうし、もっと売る必要もある。すべてのことをきちんとフォローしておかなければならなかった。商品がなかったら写真も撮れないし、写真が撮れなければマーケティングもできない。まるでドミノ倒しのように、全部のことがつながっているんだ」

「ファスナーがないのなら製品はつくれない」と、シュリパルナが笑いながら付け加えて、次のように言った。

「授業でビジネスや起業について学ぶときはここまでが限界。ここからは、進みながら学ぶしかない」

この生徒たちがやっていること、そしてサマンサがやって来たことが「本物の課題」である。

（２）手芸や小物などを扱う電子商取引サイト。

「本物の課題」とは実際の仕事であり、教室から飛び出したところで意味をもつ課題である。「本物の課題」に取り組んでいる生徒がやっていることは、編集者に手紙を書く、科学的な研究に取り組む、作曲をする、新聞を発行する、テレビ番組を制作する、教育用映画や公共広告を撮影する、ソフトウェアを開発するなどである。

私は、ウィチタ中学校で英語（国語）を教えはじめた初年度から「本物の課題」を使ってきた。元々、私は学問の世界ではなくジャーナリズムの世界で働いていたので、早く一人前の大人として認めてもらいたいと考えている一〇代の若者が、学校外の世界とかかわることに強い関心を示すのではないかと思っていた。実際、そのとおりだった。

「本物の課題」に取り組むということは、実社会のために活動するということになる。すると生徒は夢中になって、時間が経つのも忘れ、成績をつけられることも忘れ、学校と娯楽の境目さえなくなってしまうようになる。課題が本物だとなぜそんなに夢中になるのかと、生徒に尋ねてみた。すると、「自分にとって大切なことだから」、「人が当てにしてくれるから」、「家族のような存在だから」などの答えが返ってきた。

二〇一五年から翌年にかけて私が発行していた新聞〈ビューアー〉の編集者であったカトリーナ・レナシアが、次のように説明している。

「私は物語を編集するのが楽しかった。すべてが本当に楽しかった。趣味のようなものかな。どこにいてもやっていた。スマートフォンにグーグル・ドライブをインストールしたのもそのためです。どこにいても編集作業ができるから。そういえば、ショッピングモールにいるときも編集作業をしていた。だから、両親が私に iPhone を買ってくれたのよ」（二〇一七年一月四日面談）

「本物の課題」は、近年、全米の学校で盛んに実践されるようになったプロジェクト学習に近いものだが、まったく同じではない。学校で行うプロジェクト学習は、必ずしも学校外では意味のあるものと言えないからだ。伝染病について研究している生徒が病気の蔓延を図示したポスターをつくるかもしれないが、それは、教室内で仲間に見てもらうことを想定したものでしかない。

一方、本格的なプロジェクトでなくても「本物の課題」になる場合がある。市役所に新しいスケートリンクの建設を求める手紙を八年生の生徒が〈ウィチタ・イーグル紙〉の編集者に送ったとき、あるいは、旧知の印刷屋が廃業することになり、学校新聞〈ビューアー〉の編集長だったシシ・ウェイが、APフランス語の試験をさぼって新しい印刷会社を探すために電話をかけたときなどだ（二〇一六年一二月一六日面談）。これらはもはやプロジェクトではなく、「本物の仕事」である。ビジネスプランをつくることは「学校のプロジェクト」としてありえるだろうが、新しいビジネスを起こすことは「本物の課題」となるのだ。

サマンサやナンディニのような生徒は、学校外であろうが、学校の課外活動であろうが、自らの意志で「本物の課題」にかかわっていた。私の学校にはビデオ・ゲームをつくった生徒もいるし、自主制作映画を撮った生徒もいる。政治活動に取り組んだり、パン屋をはじめたり、手づくりのジュエリー店を開業した生徒もいる。

しかし、すべての生徒がこのような機会をもてるわけではない。親がこのような仕組みを知らなかったり、資金だけでなく、家庭でインターネットへの接続や交通手段がない場合はとくに難しくなる。そして、それらが、貧困層や比較的最近移住してきた家庭の子どもたちが抱える問題ともなっている。また、多くの生徒は、普段の日に最低限の賃金でアルバイトをしていることがあり、起業してみようと考えたり、新しい法律づくりを要求するだけの余裕がない場合が多い。これらが、高校教育に真の学びのある学習経験を導入すべきと私たちが考える理由である。

このような学びを提供するとき、私たちは生徒に対して、本物の経験が提供できるように配慮しなければならない。模擬的な体験ではだめなのだ。生徒が自らの言葉で語り、羽を目いっぱい広げて、社会の不公正に立ち向かい、自分が価値ある存在であることを証明する機会を保証しなければならないのだ。そして、失敗するチャンスも与えなければならない。

教師であれば、偽物の政治的な経験をつくりあげることは容易であろう。たとえば、教師が選挙で選ばれた議員を呼んできて、生徒に講演をしてもらうことなどである。そうではなく、生徒自身に政治家へコンタクトをとらせ（おそらく最初は断られるだろうが）、自分たちで何とか依頼させるのだ。この違いは大きい（このとき私は、「学校の授業の一環としてやっています」と言ってはいけないとアドバイスをしている。実際、大部分の生徒がそのとおりにしている）。

また、生徒に偽物のビジネス経験をさせることも簡単にできるだろう。教師が製品やサービスづくりにかかわり、サクラとされる「やらせの客」を呼び込んだり、赤字を補填するなどすればいいだけだ。

「本物の課題」は、生徒にリスクをとることを要求するものでもある。生徒は、政治家の事務所や想定される顧客に電話をしなければならない。難しい質問もしなければならないだろうし、巧みなセールストークも必要になってくる。ひょっとしたら、対立状態を解消しなければならないといった場面にも出くわすだろうし、仲間との間でもめ事が生じる場合もあるだろう。このようことは、生徒にとっては恐ろしい経験となるかもしれないが、生きる力が身につく機会となる。

カトリーナは自信を得て、別人のように成長した。彼女は、一〇年生のときにフィリピンからミネソタに移住してきたという生徒である。英語は話せたが、強いなまりがあった。

「人は、常に私が言う単語を繰り返したわ。そのたびに自信がなくなっていったの」

しかし、〈ビューアー紙〉の記者として生徒や先生を取材するようになって、自信がもてるようになってきた。

「今ではもう、身をすくめたり、震えたりすることもなく人と話せるわ」

「本物の課題」は生徒に自立することを求めるわけだが、それでも教師の支援は必要である。教師の役割は、学びの生まれる環境を準備すること、一人ひとりの生徒にとって必要な課題が何かを認識させたり、知識や秘訣、そしてスキルなどを教えたりすることである。

私たちは、課題にあったふさわしい議員が誰かを知っている。取材のなかで、どのように答えればよいのかも知っている。将来の顧客に、どのように話しかければよいのかも知っている。また私たちは、生徒が法律や校則を守っているかぎり、善意の大人たちが（教師も含めて）余計な口出しをして、生徒の主体的な活動を台無しにすることがないように目を光らせておかなければならない。

なぜ、「本物の課題」を使うのか

私が二二歳のときだが、大学を卒業したあと〈ウィチタ・イーグル紙〉の記者として働いているとき、共和党のボブ・ドール議員（Robert Joseph "Bob" Dole）に電話する必要があった。あまり大したことではないように思うかもしれないが、彼が大統領選挙に出馬する直前であり、アメリカ上院で「黒幕」と言われている人物でもあった。

日曜日の午後のことだった（正確には一九八九年七月八日）。下院議員で、カンサス出身のダン・グリックマン（Daniel Robert Glickman）議員（民主党）が報奨金の受け取りを拒否したと発表したばかりだった。私は、ドール議員の反応を取材することになっていた。「ドールは絶対電話に出ないよ」と、編集長は言った。しかし、私は電話をかけ、留守電にメッセージを残した。すると、ドール議員が電話をかけてきた。そのときの会話はおよそ次のようなものだった。

私　こんにちは、〈ウィチタ・イーグル紙〉のマーサ・セヴェットソンです。

ドール議員　マーサだって？　ボブ・ドールだが。

（一〇秒間の沈黙のあと、心臓が高鳴りはじめた。）

私　はい。お電話したのは……。

ドール議員　何だ？

私　ダン・グリックマンによると、彼はもう報奨金を受け取らないと……。

ドール議員　だから、どうした？

私が覚えているのはそれだけだ。彼はぶっきらぼうで、短気だった。一方、私はビクビクしていた。私には、国レベルの著名人や政治家にインタビューしたという経験がそれまでなかった。新人記者らしい会話を数分間続けたあと、電話を切っている。そのときに示した自分の反応を記事に書いてもいる。

私たちには、大人であるということがどのようなことなのかについて学ばなければならないときが来る。それだけでなく、他者を仲間として捉えることも学ぶ必要がある。単に従ってくれる人というよりは、ともに物事を進めていく仲間である。そして、時に大人も誤りを犯すことを認識しておくべきである。すなわち、何らかの決定事項に疑問をもち、それらを自分たちの力で変えていけるように声を上げる必要があるということだ。

とくに、高校生が長年にわたって従順に従うことが「是」とされてきた環境においては、そのような状態に一歩を踏み出すことは決して容易ではない。私は、二二歳でドール議員に電話をかけたとき、そのことを学んだ。

アンナ・ブロックウェイは、学校新聞〈ビューアー〉の編集をしていたとき、つまり私よりももっとずっと若いときにこのことを学んだようだ（二〇一六年一二月二八日面談）。

一二年生の一一月、アンナは学校の駐車場で車を探している警察官を見かけた。次の日、学校はその話でもちきりになった。生徒のスマートフォンが調べられ、言論の自由が侵害された。もちろんと言うべきであろう、持ち物検査も行われた。どうやら薬物の疑いらしい。

「そのとき、私は生徒でした。調べられただけで多少は動揺するといった普通の生徒でした。もちろん、スマートフォンを調べられたので怒りましたが……」と、彼女は言っている。

「〈ビューアー〉の仕事をしていたことで、私は学校の管理職や警察、麻薬取締局と直接やり取りをすることになりました。それが理由で、この事件について明確に理解できるようにもなりました。これらの人々と私たちの間を橋渡しするといった役割を果たすことができたと思っていますし、その人たちの仕事が学校全体にどのような影響を与えるかについても理解することができました」

アンナは、学校の管理職をインタビューしたが、彼らはあまり多くのことを語ろうとしなかったし、〈ビューアー〉の記事を読もうともしなかった。彼女は、生徒にもインタビューを行っている。そのうちの何人かは、実際にドラッグを売っていた。

ある日、彼女は学校を出て、事件の詳しい報告書を手に入れるために警察官の事務所に向かった。彼女の記事によると、報告書には、「車にはマリファナ、コカイン、マッシュルーム、エクスタシーのピル九個、一つのデジタル秤に二六五ドル」が置かれていたとある。彼女は、麻薬取締官にもインタビューしている。その取締官は、「かなり意味のある逮捕だった」と話していた。［参考文献16］

アンナは単なる生徒ではなく、ジャーナリストでもあった。彼女は、ジャーナリストが行う仕事をすべてこなしていたし、まさに本物のジャーナリストとして活動していた。それだけではない。書いた記事を掲載すべきかどうかというプレッシャーに対しても立ち向かっていた。つまり、彼女に対して権限を有している学校の管理職を攻撃することも厭わなかったということだ。

彼女は難しい質問をする方法や、権力をリスペクトしながらも攻撃する方法を身につけた。さらに、それらのプレッシャーに打ち勝つ方法も身につけたのだ。私は、彼女を支援することにした。どこに行けば警察の報告書を手に入れられるかといったことについても助言したが、基本的には彼女の考えを尊重したつもりである。管理職にも、麻薬取締官にも、自分の力でインタビューを試みていた。言うまでもなく、この経験は彼女に自信を与えることになった。

「私は生徒の声を代表していた、そんな気分でいたと思います」と、アンナは述べている。

大学生となった彼女が、同じような立ち位置で大学当局を動揺させるような記事を書いたとき、どのようにすれば反発を食い止められるかという対処策を身につけたと言っていた。自らの足でしっかりと立ち、揺らぐことのない自信をもって対処できたというのである。

「このような対応ができたのは、ひとえに〈ビューアー〉での経験があったから。あのとき、管理職と対峙する練習ができたからだと思うわ」と述べた。「〈ビューアー〉は、記者として自分の考えを伝え、そして、意見を書いて伝えるという行為が地域に役立つのだと実感できた最初の場所でした」

アンナがドラッグ捜査について記事を書いたとき、彼女がやっていたことはそれなりに裏付けのあることだった。作家のダニエル・ピンク（Daniel H. Pink）は、動機づけについて数多くの著書を出版しているが、アンナのやったことは、ピンクの言う三つのキー概念である「自立性」、「熟達」、「目的」を含んだものであった［参考文献84］。アンナは、自身が強い関心とこだわりをもっていることを行っていたし、その過程で卓越した表現力や文章力を身につけていたのである。

このような自信や自己主張する力を養えることが、生徒を「本物の課題」に取り組ませる重要な理由である。ただし、それだけではない。「本物の課題」が生徒を引き込み、夢中にさせるという点が重要である。「本物の課題」によって生徒は、自分の学校について真剣に考える理由を見いだし、将来、自分がやりたいことを見つけだすきっかけとなる。また、通常の学習内容やスキルだけなく、「二一世紀型スキル」と言われるリーダーシップや協働する力、創造力、クリティカルな思考力、そして職業能力も養うことができるのだ。

ジョシュ・ジョーンズが九年生のとき、私が行っている経済学の授業ではやる気がある生徒とは言えなかった（二〇一七年一月九日面談）。彼はいつも席を離れ、常に体を動かしており、ほかの生徒の邪魔ばかりをしていた。動いていないときといえば、寝ているときだった。人懐っこい生徒だったが、いつも私をイライラさせた。彼も、そのことは知っていた。

「僕がなぜ学校に興味がないか、自分でも分からない。僕にとって、やっている内容がよく分からないものばかりだからかな。期限までに課題を仕上げる方法も分からないし」と、ジョシュは言う。「それが変わったのは、自分がやりたいと思うことができるようになったときだ」

一一年生のとき、彼はスポーツをやめた。そもそもスポーツ好きではなかったので、とくに問題はなかった。そして彼は、学校新聞〈ビューアー〉の編集部と演劇に加わった。そして、人文科学系や哲学のなどの授業をとりはじめた。これらの授業で彼は、人生について考え、目的をもって生きることとの大切さを学んだ。そして、紙面のデザインに魅せられた。

一二年生になると、ジョシュは〈ビューアー〉(3)の編集室に一日三時間いられるようにスケジュールを調整した。アドビ・インデザイン・アプリ上でふさわしいフォントを選んだり、写真のサイズを変えたり、記事をどのようにレイアウトするかなどの作業にじっくりと取り組みたかったからである。

「まあ、三時間ずっとやり続けていたわけじゃないけどね」と、ジョシュは言う。「でも、やりやすくなったのは事実。アイディアを思いつけばすぐに形にできたし。時間のかかることでも、その時間を気にせずできたからね」

高校を卒業するころには別人になっていた。情熱的で、集中して取り組める生徒になっていた。そのエネルギーは彼の作品にも注ぎ込まれ、部屋の中で無駄に過ごすことはなかった。彼は新しいデザインのアイディアについて話したがったし、デザイン業界のトップの人たちにも会いたがった（デザイン界の第一人者であるティム・ハローワー〔Tim Harrower〕が行っているプロ向けのワークショップに参加できるよう私は取り計らった）。彼は大学に進学したかったので、ほかの授業でもよい成績を残したいと思っていた。

ジョシュは、ニュースそのものが彼を惹きつけたのではないと言う。読者が彼の記事を読んでくれることとも関係がないと言う。一緒に働くスタッフがジョシュの知識に頼ったことで、自分にしかできないことがあると確信し、そのことが彼をやる気にさせたようだ。

「ほかのスタッフが自分を頼りにしてくれている。自分も、彼らも成功させたいと思っている」とも言う。「みんな、いい仕事をしたいと思っている。人は、自分が特別な存在であると感じられる何かが必要なんだ。僕にとっては、デザインの仕事がそれだと思う」

大学を卒業してから二年が経ったが、今ジョシュは、ミネソタ州最大の新聞である〈スター・トリビュート紙〉でデザイナーを務めている。五〇万人という購読者をもつ新聞の、日曜版の一面デザインを担当している。彼は現在もその仕事にエネルギーのすべてを注ぎ込み、厳しい締め切りと闘っている。彼は、このような仕事が大好きなのだ。

（3）　ページレイアウト用のデザインソフト。

誰もが、高校時代に「天職」とも言えるものに出合うわけではない。しかし、「本物の課題」を通じて高校生が実社会を経験することはできるし、自己効力感をもつことも可能である。一五年にわたって私は、すべての生徒を対象として、人権擁護や公共政策に関するプロジェクトに取り組むことを必須にしてきた。これは、グローバル、国、州、地域の課題を探究することを目的としており、自転車専用レーンについてサマンサ（本章の冒頭）が行ったように、公的な文書に触れることが求められる。

なかには、新しいスタジアム建設に対して賛否両方の立場から手紙を書いたり、反対の看板を持って通りでデモを行った生徒もいる。人身売買のセミナーに参加して署名をし、アル・フランケン（Alan Stuart "Al" Franken）上院議員に手紙を書いた生徒もいる。また、教育委員会に行って、もっとAPクラスの授業を増やすように要望してきたグループもある。そのほかにも、同性婚、いじめ、イラク戦争、学校昼食政策などに取り組んだグループがあった。つまり、生徒は取り上げる課題を決めて、リーダーを選び、解決策を探ったということだ。

ザック・ローゼンの情熱は眠っていた。いや、情熱がなかったと言ってもいいだろう。彼は高校のときは陸上選手だった。通学前の朝六時、彼は一年のほとんどを地域にあるプールで「水中ジョギング」をして過ごしていた。一時間目に自主学習の時間を設定していたが、そうすることで少し体を休めることができると考えたのだ。しかし、自習室では居眠りができないことにすぐ気づいた。サボることもできない。ぐったり疲れたまま静粛で管理された教室に置かれ、彼は腹を立てていた（二〇一七年一月六日面談）。

「僕は五時半に起きて、二限目（八時半）まで授業がない。でも、そこにいなきゃいけない……ひと言も喋らずに。それが規則。授業がはじまって生徒は、お利口さんに塗り絵をやっている。それで、聞いてみるのさ、『何をやってるの？』って。それは、自主学習の時間にすべきことじゃない」

彼は、午前中のうちに寝溜めしておくことができないかと考えた。いや、自分のしたいことをして過ごせる時間が重要だと思ったのだ。そこでザックは、友人たちとともに署名を集め、教育委員全員に手紙を書いて、学校外での自主学習の時間を認めてほしいと要求した。すぐに結果を得ることはできなかったが、大人たちが耳を貸してくれたことを感じていたし、手応えも感じていた。これによって彼はリーダーになれたと感じ、自分の考えを主張することができたと確信した。

大学への入学後、二つの点でこの経験が彼の自己形成に役立った。一つは、彼の代表的論文である「教育における内容と形式」の研究につながったことである。もう一つは、彼が不合理だと思う大学の方針について、進んで管理層に訴えかけたことである。一例を挙げよう。南カリフォルニア大学で同じ学部の友人が俳優になるためのトレーニングを受けていたが、演劇の仕事で授業を抜けることが許されていなかったことについて、彼は次のように語っている。

「とても熱い闘いになったよ。僕がやったプロジェクトで学んだことは、問題はタマネギみたいなものということだった。問題は、何層もある構造になっていた。試行錯誤を繰り返して、今では問題解決のアプローチが分かってきたよ。このようなプロジェクトに取り組むことで、問題解決をするための枠組みのようなものが分かってきたんだ」

ザックは、やったことがどのような結果をもたらしたのか確認することなく、二〇一二年に高校を卒業している。彼が卒業した翌年、自主学習の時間は消滅した。そして、生徒たちは、その時間を図書館で過ごすという許可がもらえることになった。その図書館も、今ではコーヒーショップとメイカー・スペース[4]に変わっている。

今、教育委員会は、生徒たちの睡眠ニーズを満たすための場所をつくることも検討している。ザックがこれらの変革における直接の要因ではないが、彼、そして彼の友人たちの声が何らかの貢献をしたことだけは確かである。

「本物の課題」では、生徒の強いリーダーシップを必要とすることがある。先に、シシ・ウェイという生徒を紹介した（二四七ページ参照）。ＡＰクラスのテストをサボって、学校新聞〈ビューアー〉の新しい印刷所を探してきた生徒だ。

私は、彼女がテストを受けなかったことを数年後まで知らなかった（彼女が知ってほしくないと思っていたからかもしれない）。彼女は、自分なりの責任感を感じてやったことなのだろう。今、思い起こしてみると、シシは一人前の大人として扱われることを望んでいた。

「編集長として私ができたことや責任をもっていたことを思い出してみると、私は自分を褒めてやりたいと思う。編集の全体計画もつくったし、隔週で一二ページ分の校正もやった。プロの印刷屋と注文についてのやり取りもしたし、記者を前にしてスピーチをしたり、締め切りを押し付けたりもした。すべてが好きだったわ」と、シシは言っている。

もう一人の編集長であったクリスティーナ・シアは、もっと大きな責任を負ったことがある。生徒の編集者グループが、記事の検閲に関する意見の違いで弁護士やプロの編集者とわたりあったときである（二〇一七年一二月二九日面談）。

彼女が一二年生のとき、数名の生徒に対する生徒指導の問題を取り上げた記事を掲載しようとしたところ、校長が反対をして新聞の発行を阻止しようとしたのだ。しかし、その記事を書いた

（4）　学校の図書館の中などに置かれる、モノづくりを通して学ぶ作業場のようなスペースのこと。これについて詳しく知りたい方は、『学校図書館をハックする』の第3章をご覧ください。

記者は名前を公表することについて親の承諾を得ていたため、校長は処分を取り消している。ところが、その後、校長は学校新聞が出版される前にすべての記事をチェックしたいと言い出した。クリスティーナは、生徒の出版の自由を守るべく立ち上がった。そして、彼女は、思いもよらないほどの注目を浴びてしまうことになった。

「本当にストレスだったわ。一八歳ということの限界も感じた。何をすればいいか分からないよ、一八歳では」

そのような状況において、編集者である生徒のために私ができることには限界があった。生徒には表現の自由があるのだが、教師には同じ権利が認められていない。そのため、ほかの学校の仲間からは、法的闘争から逃れて、職を失うリスクを回避すべきだと忠告された。私には選ぶべき選択肢が見つからず、生徒たちの判断に任せておくしかなかった。

生徒たちは昼食時間にミーティングをもち、学校外で弁護士にも会ったようだ。教育長が彼らを一人ひとり呼んで個別に面談を行ったが、それによって生徒たちは動揺した。クリスティーナのリーダーシップのもと、生徒たちは原稿を事前チェックに出さないことを決めた。そのため、六週間にわたって新聞は発行されなかった。要するに、彼らはストに突入したのである。かなりの長期間にわたる交渉の末、最終的に教育委員会とは「原稿の事前チェックはしない」という新しい方針で合意に達した。

教育委員会側の不満を取り上げたマスコミや裁判の事例などは、クリスティーナが予想していたものとはまったく異なっていた。彼女はとても前向きだったし、人当たりもよく、反抗的な性格のもち主でもなかった。彼女は今、このことがとても貴重な学びの機会だったと述べている。「立ち上がって、何がなんでも主張を通さなければならないときがあるということを実感しました。起きていることが大変なことで、手の付けようがないものと感じてもです。権威に怯んではいけないと思います。とくに自分が正しいときは。権威で踏みつけていくことを許してはいけない。大人であるとか、生徒であるとかは、関係ないのです」

「本物の課題」から、生徒はどのようなスキルや知識を学ぶのだろうか。生徒たちは、「報告すること」、「書くこと」、「デザインすること」、「編集すること」などができるようになることが明らかである。役所への手紙、論説、広告などを書くことによって、説得力のある文章の書き方を学ぶことになる。要するに、公共政策プロジェクトにまつわる課題では、公文書などから必要な事実やデータを抽出するといったリサーチ・スキルとプレゼンテーション・スキルを学ぶことができるということだ。

生徒によって運営される会社「セイソー」(二四四～二四五ページ参照)にかかわっている生徒は、市場調査や顧客データの分析といった方法も学んでいる。また、予算の運用、安価な仕入れ、社員の雇用、会議の計画、オンラインストアの立ち上げ、銀行口座の運用、年次報告書の作成なども学んでいる。さらに、ジュニア・アチーブメント（ＪＡ。二〇二ページ参照）という会社経営に数年間取り組んできたなかで生徒たちは、コミュニケーションがうまくいかなったとき、職責を果たしていないメンバーが出たとき、会社の方向性をめぐって対立したときなど、それらの問題解決をどのように図るのかといったことも学んだ。

ナンディニやシェリー（二四四ページ参照）を含む数人の生徒はＪＡでよい成績を収めた初期にかかわっていたが、知的所有権を誰がもつかという問題で意見の対立が起き、グループが崩壊しそうになったことがあった。結局、その会社は解散してしまい、まったく口をきかなくなる生徒も出た。

シェリーは、「たくさんの行きちがいと誤解があったと思う」と言っている。それに、ナンディニが付け加えた。

「メンバー間に信頼関係がなかった。一緒に働こうと思ったら、信頼関係はとても大切だと思う」

「セイソー」は次のサイクルに入った。シェリーは、「私たちは何を避けるべきかが分かっている」と言う。そして、次の会社では、コラボレーション（協働）やコミュニケーションといったすべての業務に一緒に取り組むことを重視した。

「今週末、私が最初のセールを計画してるの。私はマーケティングの担当じゃないんだけどね」

と、シェリーが言い添えていた。

「本物の課題」は、化学やテクノロジーを教える強力な方法でもある。教師のサポートがあれば、生徒はテーマを見つけて本物のリサーチをすることができる。その結果を、学会やコンテストで発表したり、学会誌に投稿したりすることも可能だ。オレゴン州セイラムの物理教師であるマイク・ランパートは、「成績優秀者のための探究活動」の生徒たちとともに「科学／工学フェア」に向けてのプロジェクトに取り組んだ。生徒たちは、興味あるテーマで本物のリサーチに取り組めたことを喜んだ。

生徒の一人であるエレノア・フェイドリーは、その授業を二回とり、「東芝エクスプロラビジョン・コンテスト」[5]のためにいくつかのリサーチ・プロジェクトに取り組んだ。そのプロジェクトでは、未来のテクノロジーを使って新しい発明のアイディアを生み出すことが求められる（二〇一六年一二月二三日面談）。エレノアのチームは医療技術に取り組むことを決め、最新の医療技術に関する膨大な量の研究を調べた。

「私たちは、心臓ペースメーカーをつけている人に何か役立つことができないかと考えました。

（5）アメリカおよびカナダで開催される科学的な全国コンテストで、東芝と全米科学教師協会の共同プロジェクト。http://www.exploravision.org/

量子生物工学を使って、電池交換のための手術が不要になるペースメーカーを考えたのです。そのペースメーカーは、体内の体温調節機能を使ってペースメーカーや除細動器に電力を供給するものです」[6]

チームは、製品の試作品づくりを求められただけでなく、ウエブサイトや説明ビデオの作成も求められた。彼女たちは、春休みのすべてをその作業にあてた。エレノアによれば、「ある夜、夢中になって気づいたら、深夜一時になっていたことがあった」とのことである。

別の年、エレノアのグループは、季節によって太陽光の反射と吸収を変えるという、環境に優しいコンクリートづくりに取り組んだ。今、彼女はカールトン大学で科学を専攻しており、グリーンランドでの土壌調査を終えたばかりだという。高校時代に本当の科学に携わるという機会に恵まれたことが、その後の進路を決めることにつながった。エレノアは次のように言っている。

「本当の科学者になりたかったら、研究テーマは自動的に湧き出てくるんじゃないことを知っておいたほうがいいわね。教科書だったら公式をすぐに見つけられるけどね。通常、実生活のなかに問題があり、それを自分自身の手で研究テーマとして絞り込んでいく必要があるの」[7]

「本物の課題」に関するもう一つのメリットは、創造性や拡散的思考が身につくことだろう。これらのスキルは、正解と多肢選択テストに答えるためには記憶が重視されるという状況のなかで失われてきたものである。私の生徒が起業したビジネスでは、スクールバスの追跡アプリを開発したり、バレンタインのハートのような3Dプリンターを販売したりしていた。どの試みも当時は上手くいかなかったが、それでよかった。アイディアとしてはよかったし、生徒たちは何かにトライし、人と話し、試作品をつくり、拡散的思考を鍛えることになった。多くのベンチャーは失敗に終わるものだ。そのことも、生徒たちが学ぶべきことである。

AP心理学では、一年間にいくつかの「本物の課題」に取り組んでいる。一学期は、子ども向け絵本（紙ベースかオンライン）をつくるプロジェクト、または小さい子どもに心理学の基本を教えるためのビデオ制作といったプロジェクトに取り組む。たとえば、幼稚園児に五感について教えるための対話型の本をつくったり、それに関連する物語を書いたりする（「マジック・スクールバス」[8]のようなもの）。

（6）心室細動や心室頻拍などの不整脈に対し、電気的な刺激を与えることで「除細動」や「同期性通電」を行う医療機器のこと。

（7）これは、高校生だけでなく、小学生でもできると『だれもが科学者になれる！』には書かれている。

（8）アメリカ、カナダのテレビアニメ番組。同じ名前の本をもとに制作。著名な声優を起用した、教育とエンターテインメントを融合したことで評価されている。『フリズル先生のマジック・スクールバス』（ジョアンナ・コール文、ブルース・ディーギン絵、藤田千枝訳、岩波書店、二〇一一年）としてシリーズで邦訳されている。

後者の目的は、中学生に脳や神経の仕組みについて教えることである。生徒は自らの知識を年少の子どもに分かるように伝えようと真剣に取り組むので、できあがった作品は思いやりに満ちており、クリエイティブなものとなっている。

ダニエル・ヤングとゲイブリエル・リーという生徒は、「自分の人生を書こう」という脳博物館のビデオツアーを制作しようと決めた。「マイ・ブレイン・アドベンチャー（私の脳の探検）」と名付けられたそのビデオでは、「コーパス君」と「カローサム君」(9)という案内役が画面のなかを歩いて、脳のさまざまな部位とその機能を紹介していくものである。最初の見学先は脳幹だが、そこでダニエルとゲイブリエルはナレーターを務め、ホワイトボードに簡単な絵を描きながらとても楽しい紹介をしている。

「左から、小脳、脊髄、延髄、橋、中脳、間脳、大脳。脊髄から中脳までが脳幹（間脳までとする説もあり）。脳幹は、何をするところだと思う？」

「脳幹？　植物が幹から育つように、脳が育つところかな？」

「正解。脳幹は、背骨から脳に伸びているところにあるよ。脳幹は、生存に必要な体の機能を自動的に調整する役割をもっているんだ」

「へー！　生存に必要な機能って何？　火を起こしたり、小屋を立てたりすること？」

「そういった生存じゃないんだ」

このビデオは正確で、面白くて夢中になる。教育用の動画で見られる短期集中講座にあるものと何ら変わらないものになっている。もちろん、ほかの生徒とも共有したし、ほかの教師が参考にするために私は貸し出しも行った。

ダニエルとゲイブリエルによると、彼らはこのプロジェクトに六時間半くらいかけたという。午後七時半から午前二時までかけて、ひと晩でつくってしまったらしい。よいものをつくりたいという気持ちがあったし、つくる過程は抜群に面白かったと振り返っている。そして、何と言っても、見てくれる子どもたちをイメージすることがうれしかったと述べている。

「アイディアを思いつき、形にするには時間がかかる。でも、プロジェクトに取り組みはじめると夢中になって時間を忘れてしまった。その結果、

大脳半球の内側面

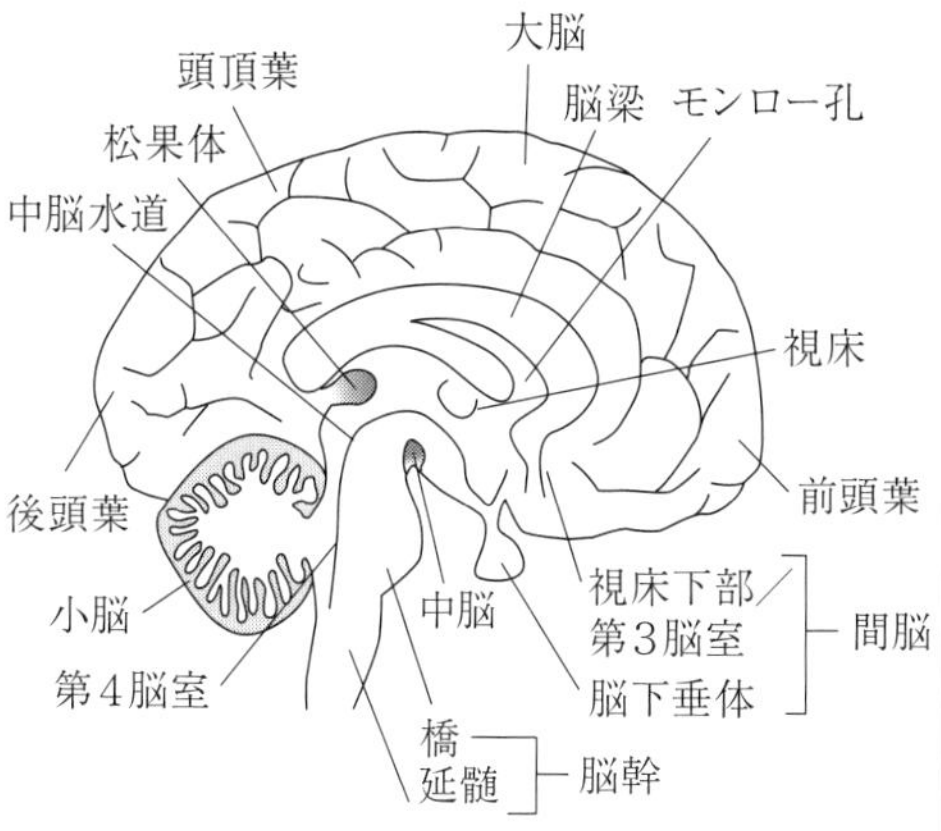

(9)　Corpus Callosum は脳梁のこと。脳の左右両半球をつなぐ働きをしている。

あっという間に数時間が経ってしまったんだよ」と、ダニエルは言っていた。

ＡＰ心理学の生徒は、小規模な実験も行っている。その実験では、先行研究を読み、仮説を立て、実験群と統制群に分けて実験を行い、結果を考察している。あるグループが思いついた心理学実験は次のようなものだった。

被験者は小学校三年生で、白衣を着ている人と普段着の人の発言において、どちらのほうを信じる傾向があるのかについて調べた。彼らは地元の小学校に依頼し、雲について理科の授業を行った。結果として、教師が着ているものが何であっても、また話した内容がいかに馬鹿げたものであっても、子どもたちは言われたことを信じるということを発見した。その後、彼らは教師と生徒との振り返りの機会をもち、その授業自体が一つの実験だったということを伝えている。

どのようにして「本物の課題」を授業に導入するのか

「僕たちは何をしているんだろう？　なぜ、これを学ぶ必要があるんだ？」

高校生は、自分に関係があるかどうかと疑問に思うものだ。高校生は、今まさに学んでいることの目的が何であるかを確認しようとする。そうなると、「本物の課題」以外のものでは、その関係性を示すことがなかなか難しくなる。

「本物の課題」を計画する最初のステップは、目標を考えることである。「生徒に何を知ってほしいか？」とか「生徒に何ができるようになってほしいか？」、さらに「なぜ、これを知ることが生徒たちにとって大切なのか？」である。

もし、実社会への応用が可能なものであれば、「本物の課題」はどこかに見つかるはずである。なぜ、生徒たちに書く力を身につけさせたいのだろうか？　大学のレポートや論文などが書けるようになるためという理由以外にも、いくらでも理由を挙げることができる。どのような職業についても書く力は求められる。管理職が部下の職務評価をする、仕事のマニュアルを書く、建築業者が入札をする、弁護士が申立書を書く、マーケット担当者が市場調査を書く、不動産業者が住宅の説明書を書くなど、挙げればキリがない。

市民としての生活に従事するためにも書く必要がある。政治家に陳情書を書いたり、編集者に手紙を書いたり、ＳＮＳへの投稿やブログにおいても書くスキルは必要となる。そして、苦情を取り上げてもらいたいのであれば、うまく書く必要がさらに出てくる。

以前、私はカンサス州の保険長官宛に、数時間ほどかけて手紙を書いたことがある。この手紙は、最終的に、役立たずの保険会社からかなりの額に上る支出を引き出すことにつながった。実社会において、書く力は大きな見返りをもたらすのだ。

二〇〇九年、ウィギンズは、全米英語（国語）教師会議の機関誌である〈イングリッシュ・ジャーナル紙〉に、仕事のために書かれた文章に関する調査結果を紹介するといった興味深い一文を寄せている［参考文献109］。その人たちが書いたものは、マーケティング・プラン、メモ、病歴、ブログ、ユーザーマニュアル、法的申立書、費用見積書であった。これらすべては、ライティングの授業において「本物の課題」として扱えるものである。(10)

同じことが、数学、理科、歴史、経済学、スピーチなど、ほとんどすべてと言える高校の授業で可能である。公共政策プロジェクトは、この思考過程から生まれてきたものである。そもそも政治や公民を教える主要目的は、生徒が主体的な市民に成長できるだけの力を培うことであった。もし、何らかの問題について情報を集める方法を知ること、法的に問題のない署名を集めること、政治家にコンタクトを取ること、公の場でスピーチをすること、選挙に出ることなどが大人の市民にとって大切であると言うならば、このようなスキルを、しかもそれらを使うスキルを高校生が身につけることは大切となる。政府の構造に関する知識を覚えることよりも、はるかに重要なはずである。

「本物の課題」を学校に取り入れる方法は数多くある。一つは、公共政策プロジェクトや子どもの絵本制作、生徒が計画する実験などのプロジェクトである。これらの課題は、通常の学習である必要はない。むしろ、日頃教室で学んでいることが実社会で活用できるための機会を与えるものである。通常、生徒たちは授業時間を使ってこれらのプロジェクトをはじめるわけだが、そのうち学校外でも協力するようになっていく。

生物の授業においてフライバーグとニッパートは（二〇一六年九月一四日面談）、五大湖最大のスペリオル湖に浮かぶロイヤル島のオオカミとムースの個体数に関する「本物の課題」を生徒に課した。生徒は、雑誌〈ナショナル・ジオグラフィック〉を読み、ミシガン工科大学の科学者が制作したエコシステムについてのビデオを観て、オオカミとムースの個体数に関するデータ分析を行った。それによって、オオカミの個体数が二〇〇九年の「24」から二〇一四年二月の「9」へと驚異的な減少を示していることが分かった。

最終的に生徒は、科学者が唱えている「個体数をどのように維持すべきか?」とか「人間が新しいオオカミを島に連れてくるべきか?」といった例を挙げて、ミシガン工科大学の研究者に手紙を書いている。以下に掲載したのは、新しいオオカミを連れてくることに賛成した生徒の手紙である。

---

(10)　アメリカでは、書く指導と読む指導が分けられていることが少なくない。詳しく知りたい方は『イン・ザ・ミドル』（ナンシー・アットウェル／小坂敦子ほか訳、三省堂、二〇一八年）を参照。

ブセティッチ先生、ピーターソン先生

ロイヤル島に新しいオオカミを連れてくることは、オオカミの存続と島の存続に不可欠だと思います。近交弱性[11]が、島のオオカミの首根っこを押さえています。人間の手によって守ってあげるしか方法はありません。新しい遺伝子を加えることで近交弱性が弱まり、健康なオオカミの個体数が増加に転じると思います。

一方、強く反対した生徒もいた。

ブセティッチ先生、ピーターソン先生

人間が島に新しいオオカミを連れてくるべきではないと考えます。陸のオオカミを島に連れてきたとしても、アイスブリッジ[12]が形成されなければ島のオオカミは絶滅するでしょう。オオカミに代わる捕食者が訪れるまで、ムースの個体数は増え続けるでしょう。

「生徒が気に入ったのは、ディベートや分析をしたあとで自分自身の見解を表現したことだった」と、フライバーグは言う。「自分の考えや意見が誰かに読まれて、知られるという事実が、成長したいという彼らの思いを後押しするのだと思います」

「本物の課題」を授業に導入するもう一つの方法は、課題やプロジェクトをカリキュラムの中心に据えるという考え方である。ランパートの「成績優秀者のための探究活動」という授業が一つの例となる（二六五ページ参照）。同じく、学校新聞〈ビューアー〉を編集するという私の授業もある。

毎日、三時間目の時間帯に生徒たちは一二ページの新聞をつくっている。ストーリーのアイディアを出し、編集、原稿整理、見出し書き、写真撮影、広告集め、図表づくり、ページのレイアウトを行う作業、そして完成稿を印刷屋に送るなどの作業に取り組んでいる。

昨年度、国語教師のデービッド・オストロムにこの授業を引き継ぐまで、教師としての私の仕事は、指導すること（とくに難しい法的問題や倫理的問題について）、質問に答えること、予算を管理すること、記事への提案などで、編集や制作の大部分を生徒に任せていた。(13)

---

(11)　遺伝子が近いもの同士が交配することで、潜在していた有害な表現形質が現れ、集団中に適応度の低い個体が増えること。

(12)　気温が低下する間、海、湾、川、または湖の表面に形成された凍った自然の構造物。渡ることができなかった水域への動物または人々の移動を促進する。

(13)　学校新聞づくりの具体例については、『成績をハックする』で詳しく紹介されている。何と、異学年で履修できるようにすることで、各役割を生徒から生徒に引き継げるようにまでしている。

二週間に一回、その号が印刷に回る前、生徒は夜遅くまで残って作業をしていた。生徒が働く様子は、プロの編集者がしていることと何ら変わらなかった。一月のある印刷日、生徒は部屋をブラブラと出入りし、質問をしあったり、オストロム先生をからかったり、時々コンピューターの周りに集まってやっかいな問題を議論していた。日が暮れはじめたが、誰も帰ろうとはしなかった（二〇一七年一月一七日授業観察）。

ダニエル・ヤングが、シリアのアレッポ危機[14]に関する月別タイムラインをコンピューターでつくっていたが、ふと画面から視線を上げて尋ねた。

ダニエル・ヤング　なんで九月はこんなに長いんだ？

アンバー・ザオ　略語を使えばいいんじゃないか。

ダニエル・ヤング　それをしたくないんだ。連続性が分からなくなくからね。

アンバー・ザオ　泣いてるの？　泣くなよ。

（ダニエルが笑いながら答えた。）

ダニエル・ヤング　僕は九月が嫌いなんだ。

（少しして、付け加えた。）

ダニエル・ヤング　一一月も。

編集責任者のアンバーは、教師の終身雇用に関する賛否を論じた論説のタイトルをどうするかという議論に夢中になっていた。

アンバー・ザオ　なぜ、単に「終身雇用は得なのか？　それとも社会的利益なのか？」と言わないのですか？　そうすれば、左半分に「終身雇用が教師の職を守る」と書いて、右半分には……。

ケイリー・ニューカム（編集長）　生徒に不利になっても？

アンバー・ザオ　妥協だよ。僕の言う意味が分かるだろう。

ベン・デイビス（論説担当）　「有益」と「乱用」という表現は好きだけどね。

アンバー・ザオ　単純に、「賛成」、「反対」で分けるのはあまり好きじゃない。

そして、彼らは「終身雇用は得なのか？」という大きめのタイトルに落ち着き、二つのサブ・タイトル「Yes　それは教師の雇用を守る」と「No　乱用につながる」を置くことになった。ふさわしい語彙の選択も気にかけていた。生徒は、書いたものは他者に読まれるものであるというこ

(14)　二〇一六年一二月二二日、シリア反政府勢力の拠点であるアレッポを政府軍が制圧した。

と知っている。だから、読者を意識して書くことが大切だと考えているのだ。

学校によっては、ジャーナリズムの授業は一日一時間といった通常のものではなく、数百人の生徒に提供されるという大きなプログラムの場合もある。アーロン・マンフルは高校に二人いるジャーナリズムの常勤教師の一人で、生徒のウエブサイト二つ、SNS、新聞、写真スタッフ、ビデオプログラムを担当している（二〇一六年六月一六日面談）。

「私は、どちらかというとコーチ的な立場だと思っている。生徒を指導し、練習に付き合う。そして、生徒は自ら外に出て、活躍するのです」

起業家教育、料理（実際のケータリングも含む）、アプリ開発のコースを提供している学校もある。そこでは、学校のなかで「本物の課題」をやる時間を設定している。

「本物の課題」は部活動としても実施できる。私は毎年、「JAカンパニー・プログラム」に応募するために、自分たちでビジネス（「セイソー」含む）を立ち上げる三〇名くらいの生徒の面倒を見ている。このプログラムには、地域の起業家たちを生徒のメンターとして派遣してくれるし、トレードショーやプレゼン大会（地域と全米レベル）に参加するといった機会も与えられている。

メンターと私は、秋には週一回、放課後に顔を合わせている。そして、春の大会が近づくと、月に一〜二回顔を合わせることになる。そのときは、アイディアのブレインストーミングをしたり、リーダーシップやコミュニケーションについて意見交換をしたり、アイディアを売り込む練習をしたり、問題解決をしたりする。生徒がアイディアを思いつき、ＪＡから製品化の許可をもらって銀行口座を開いたあたりで、生徒は自らそのアイディアを実現していくことになる。

授業で取り組んだわけではないが、生徒のナンディニは、「ＪＡカンパニー・プログラム」に取り組むことで、ほかの授業を受ける意味が分かるようになったと述べている。「すべての科目を、一つの活動に統合するのはよい考えだと思う。デザイン、数学、働き方、マーケティングの心理学などをね[15]」

「本物の課題」を授業で使ううえでの課題

このような自立性を生徒に与えることは難しい。生徒が学びの責任を負えないからではない。教師が、生徒には学びの責任を負えるはずがない、と思い込んでいるからである。この思い込み

(15)　テーマや目的によって教科の壁を下ろして合科型の授業をする試みは、日本では残念ながら弱すぎる。学ぶ側からすれば、世の中は教科で分断されていないので、よく学べることは明らかなのだから、教える側の努力が求められている。

は、教師だけに留まらない。これまでに、一体何回、教育委員会から「あなたの生徒が電話をかけてきて……」ではじまる電話をもらったことだろうか。その際、「あまり問題を大きくしないように、生徒に働きかけてください」といった趣旨のお願いをそれとなく受けてきた。

大人のなかには、生徒がもってくる情報を信頼しない者もいる。そのため、生徒に質問をさせないこともある。実際、私は教育委員会の担当者から、生徒に公共政策に関するプロジェクトに取り組ませないでほしいという依頼を受けたことがある。その理由は、あまりにも電話が増えるからというものであった！

このような事例は、市民であることについての、興味深く、実生活に即した教訓となっている。私のＪＡグループの生徒が「バス追跡アプリ」を開発したいと考えたとき、生徒は、そのアプリを自分たちが住む地域で売り込みたいと考えた。教育委員会は購入を検討する以前に、売り込むこと自体をやめるように、と生徒に言ってきた。まったくもってひどい話である。ジャーナリストである生徒が大人にとって答えたくないような質問をするとき、アドバイザーの私に何とかしてほしいと依頼してくるということだ。

私にとって役立つことは、教育委員会、学校評議員、校長などとよい人間関係を築いておくことだった（完全に解決しなくても、問題を減少させられる）。人間関係ができてくると、その人たちは私がよい教育をしていると信頼してくれるようになった。私は、学校の運営委員会にも出席し、このようなプロジェクトについて地域の理解を得ようと努めてきた。そうすると、学校の管理職も不満を言うことがなくなり、最終的にはこれらのプロジェクトを自分自身のことのように評価し、誇りに思ってくれるようになった。

結果を出すことは重要である。管理職が州や全米で入賞した新聞を批判するのは難しい。だから、たとえば「全米学術出版協会ペースメーカー賞」で二回もファイナリストに選出されたとなれば説明は不要となる。すぐに理解してもらえるのだ。

対立や論争について、建設的な解決策を模索することの重要性も教えている。これはアンナ・ブロックウェイが指摘していたことでもある（二五二〜二五五ページ参照）。私の生徒が、学校の方針を批判するような論説を書こうとしていたとき、反対する人にきつく当たったり、個人攻撃をしたりせずに、自分たちの主張を通すにはどうすればよいかを考えさせた。反対をする人たちや態度が明確でない人たちに焦点を当てるのではなく、たとえば、トランスジェンダーの生徒たちが行くトイレはどっちか、ということに焦点化せよということだ。

最大の課題は、もちろん「本物の課題」が本物の対立に発展したときであろう。事前検閲をめぐっての対立や、ＪＡの会社での分裂などがそれにあたる。正直に言うと、そのような経験は楽しいものではない。ストレスが溜まってしまうことになるが、私は、生徒に対立を避けたり、受け身になってほしくないと考えている（私はドアの外に『ファーサイド［FarSide］』(16)の漫画を掲げている。羊の群れがほかの羊の言うことを聞いている。「おい、おい聞けよ。我々は羊である必然性はないんだよ！」)。

とても不快な状況においても生徒がどのように学んでいくべきかについて考えることは、私の重要な役割だと思っている。毎年、少しでもうまく解決できるように改善を加えている。今年、JAの生徒に対して、アイディアに対する知的所有権を個人は主張しないという内規をつくって、みんなが合意している。これによって、多少なりとも対立は軽減されるかもしれない。

私たちが生徒を信頼し、責任をもたせたとしても、与えられた責任を生徒が果たすのかと不安になるかもしれない。

・生徒は、出版に値するような記事が書けるのだろうか？
・会社を経営したり、意味のある研究ができたりするのだろうか？
・我々の手助けが必要なのではないか？

私は「できる」と確信している。すべての記事が出版可能なわけではないが、多くのものは出版できるし、編集の仕方を学び、お互いの記事の質を高め合うことも学べる（なぜか、剽窃（ひょうせつ）については生徒のほうがうまく見破る）。すべてのページを本物のように仕上げられるわけではないが、ジョシュ・ジョーンズ（二五五～二五七ページ参照）のような生徒であれば、わずかな問題点を見つけ、最終稿を磨き上げることができるだろう。

大学進学後も大学新聞の編集を続けた生徒から聞いた話だが、その大学新聞のページデザインはアドバイザーがやっているとのことであった。悲しいことだが、このことがどのようなメッセージを発しているのか、みなさんにはもうお分かりいただけるだろう。

すべての学生ビジネスが成功するわけではないし、すべての生徒が調査を完結できるわけでもない。しかし、本物の仕事を成し遂げてくれるという私たちの信頼に対して、大部分の生徒が見事にこたえてくれている。

もう一つの課題は、指導内容がすべて事前に決められている従来のカリキュラムに「本物の課題」が適合するかどうかという問題である。ライティングや理科、政治、ビジネスなどの科目の場合はさほど問題にならないだろう。しかし、数学では少し難しくなる。なぜなら、高校数学の多くは、高度なレベルにおいては抽象的な概念が多くなるからである。それでも、実生活に根差した課題を取り上げることは可能である。とくに、数感覚を養うこと、関数を理解すること、方程式を理解することなど、基本となる概念を理解させたいときには有用であろう。

---

(16)　ギャリー・ラーソンの手によるアメリカの人気一コマ漫画。https://www.pinterest.jp/pin/571464018817681l/で実際に見られる。

そして、学校や州の予算を分析するときに数学のスキルを使うことができるだろうし、より良い予算配分についての提言をすることもできる。

また、犯罪のパターンを分析したり、交通についての統計、バスのルート、地方自治体の政策について意見を述べたりすることもできるだろう。さらに、「放課後、子どもたちに体育館を解放すべきか?」といった重要な地域社会の問題について調査を行い、自治体に対して統計的な分析を用いてプレゼンをすることもできる。さらに、アプリの開発やウエブサイトの作成といったコンピューター・サイエンスの授業も、「本物の課題」を実施できるだけの可能性を秘めている。

一方、時間、エネルギー、お金といったリソースをどのように見つけるかという問題もある。生徒が「本物の課題」に取り組みはじめると、あまりにも夢中になってしまい、ずっとその活動ばかりをやるようになってしまうことがある。リサーチ・プロジェクトに取り組んでいる生徒に付き合って、深夜一時まで教師が残っているというのは現実的とは言えないし、新聞編集の最終段階で印刷屋に入稿し、朝七時に帰宅しようとした瞬間、論説の表現を変えたいと生徒が言い出したとしたら、あなたは穏やかではいられないだろう。

生徒が「本物の課題」に取り組むとき、教師にとってもっとも重要なことは、どのようにして責任を移譲するかである。支援と指導をする必要が教師にあるわけだが、何から何まで教師が手出しをするというのは問題である。

私は、生徒の編集者に編集の仕方を教えたので、カトリーナはショッピンモールにいても編集をこなすことができたし、シシは私の助けなしで印刷屋を探してきた。また私は、生徒のリーダーに対して、リーダーになるためのトレーニングを行ってきた。リーダーたちには仲間とコミュニケーションを図ることを期待したし、定例の会議以外にも集まってはどうかとも私は提案している。いずれにせよ私は、生徒が責任を引き受けることを期待していたのだ。だから、私は余裕をもって自分の役割を果たすことができるようになった。

財政的な問題も一つの課題となってくる。誰もが最新機器のある教室を使えるわけではない。小さなコンピューター室さえない学校もある。学校新聞〈ビューアー〉の編集部には、八台の遅いデスクトップと四台のラップトップ、五台のクロームブック[17]があるだけだ。補助金をもらうのも一つの方法だろうが、申請するためにはそれなりの労力が必要となる。私は、地元のスポンサー企業に何度も足を運び、新しいコンピューターやソフトウェア、カメラなどを購入するための資金援助を依頼してきた。

一九九九年、私がこの取り組みをはじめたとき、四台のコンピューターとページメーカー[18]の古

(17)　グーグルが開発しているオペレーティングシステム「Google Chrome OS」を搭載しているノートパソコンのシリーズ。データは基本的にクラウドの保存するため、保存容量も少なく、安価に購入できるため学校への導入が進んでいる。

いコピーがあった。教室の、三六個の古い机の後ろに、所狭しに押し込められていた。先に紹介している教師のマイク・ランパート（八二ページなどを参照）は、必要なリソースを揃えるために、五〇万ドルもの寄付金や補助金を集めたと言っている。必要なお金をもっている教師などまず存在しない。あるものでやるしかないのだ。「本物の課題」は、公共政策プロジェクトのようなものであれば、実験室や図書館にコンピューターがあるだけで事足りる。

最後に挙げておきたいことは、「本物の課題」をやると、通常のテストや州レベルの標準テスト、そして大学入試でよい成績が取れないのではないかという不安が存在することである。それらが生徒の学びを測る最良の方法かどうかという議論は別の機会に譲るとして、本物の活動を大切にしている教師の生徒は、多肢選択方式のテストにおいても成績がよいことが研究において明らかになっている。講義を聞くことや繰り返し行う問題演習の不足は、「本物の課題」に取り組んだことによって生じる深い学びで補うことができるからだろう。私たちにとって重要なことは、生徒たちに身につけてほしい力が本当に身につく、やりがいのある課題に生徒たちを導けるかどうかである。

Q 「本物の課題」を一度も使ったことがありません。どのようにはじめればいいですか？

A1 目的を明確にすることからはじめる。生徒に知ってほしいことは何か？　生徒に何ができるようになってほしいか？　なぜ、生徒がこれを知ることが重要なのか？　授業で学ぶ概念やスキルが、社会参加、世界的な問題の理解、消費者の能力、仕事のスキルとどのように結びついているのかを考える。そして、生徒が実社会にある本当の活動に取り組むようになる課題を開発する。

A2 簡単なことからはじめる。編集者（あるいは、さまざまな研究分野の学者）に手紙を書くといった簡単な課題や、地域行政関連の問題について調査を実施するといったことなどが挙げられる。

A3 選択肢を設ける。そうすれば、生徒が興味のある課題を選ぶことができるようになる。しかし、ある程度の条件を設けることが必要である。たとえば私は、生徒の記者がマリファナ使用の法制化に賛成する記事を書くことは認めるが、違法なマリファナ使用を容認する記事

(18)　Adobe がかつて開発・販売していたＤＴＰ（デスクトップパブリッシング）ソフトウェアの名称。

を書くことは認めない。また、クレイグズリスト（Craigslist）[19]アプリのように、友人を陥れる危険性のあるビジネスをはじめることも認めていない。

A4 ほかの生徒がしている活動を事例として示す。多くの学校新聞、ビジネス、リサーチ・コンテストなどに、事例を提供してくれるウエブサイトがある。

Q 本物の課題を使って、どのようにしてより深い理解や知識の習得を促せばよいですか？

A1 生徒が「本物の課題」への取り組みに対して自信がもてるようになってきたら、傾聴し、生徒を信頼することが大切となる。JＡに挑戦している生徒が新しいベンチャーを提案したとき、心の中では「なんとひどいアイディア！」といつも呟いているが、声に出して言うことはない。生徒の創造性を否定する資格など私にはない（私だったら、アップルにiPhoneをつくるべきではない、と言ってしまっていただろう。その程度のセンスなのだから）。同じことは、科学的研究や政策に関するプロジェクト、新聞記事にも言える。生徒が思うとおりにアイディアを探究させようではないか。もっと深くエネルギーを注がせよう。それが失敗に終わったとしても。

A2 よりスケールの大きなプロジェクトを奨励する。一学期すべてを費やすプロジェクトや新しい部活をつくるのもいいだろう。新しい授業を創設してもいいかもしれない。管理職に、ほかの学校がやっていることを紹介する。生徒が夢中で取り組み、積極的に学校外に働きかけ、素晴らしい成果を生んでいる姿を見せる。

A3　恵まれない生徒も、積極的に巻き込んでいくようにする。これが、クラスで「本物の課題」をすることの利点ともなる。そうすることで、課外活動や独自のプロジェクトに取り組むことのできる生徒だけのものとはならない。

Q　生徒の評価はどうすればよいですか？　また、授業がうまくいったかどうかについてはどのように評価すればよいですか？

A1　公共政策や、いろいろなテーマのリサーチのような課題を評価するためのルーブリックをつくる。チェックポイントを使ったり、プロジェクトのステップを示したりすることが役に立つ。私は、公共政策のプロジェクトにおいて、次の四つの課題を提出することを生徒に求めた。①問題点の特定（その問題についてのエビデンスや考えられる原因）、②考えうる解決策のリスト（自分たちが評価しているものを含めて）、③市民を巻き込んでいくための行動計画、④進めているプロジェクトのプロセスが説明できるだけのプレゼンテーション。

(19)　アメリカにある世界最大のインターネット広告のサイト。

A2 グループで取り組むときは、達成してほしいことを明示した契約書を使う。学校新聞を編集する生徒は、年度当初に自分自身が達成したいリストをつくることになっている。発行した新聞に教師としての評価をする前に、生徒は自らの活動に対する自己評価を提出する。この方法だと、締め切りや契約の見直しといったことに煩わされずにすむ。[20]

A3 シラバスに記載されているものと同じ評価方法をとる。科学的探究やライティングスキルを教えるクラスで「本物の課題」を使っているとしたら、生徒は従来型の評価方法（つまり、テストやレポートの提出など）で身につけた知識を明らかにすることができる。

(20) 自己評価を含めて、あるべき評価の姿を見せてくれている『イン・ザ・ミドル』の第8章を参照。

訳者あとがき

誰にでも、何かに夢中になった経験があるだろう。

一〇代最後の夏、司馬遼太郎の『龍馬がゆく』（文春文庫）を読んだ。とにかく夢中で読んだ。気がついたら東の空が白みはじめていたことを覚えている。一人の若者が一国の礎を築いたのかもしれないと思ったら、胸が躍った。

また、あるときには、時間が経つのを忘れるほど激しく友人と議論をしたことがある。テーマは、国家のあり方や教育についてだった。若さゆえ昂奮（こうふん）のなかにいたのだろう、世の中が変わらないことへの悔しさに歯軋りをした。

文章を書くことはいつも悩ましい。最後の一文が決まらずに延々と考え抜いたこともある。最後の最後に納得のいくフレーズに落ち着いたときの充足感は、何ものにも代えがたいものであった。書くことによって、自分自身が一段階成長できたような気分になったのだ。

これらすべて、ワクワクするような体験であった。心から夢中になれた瞬間であり、実に幸福な時間でもあった。再び、機会さえあればこのような経験をしてみたいと思っている。

私は、すべての児童・生徒に、このようなワクワクするような学びを経験してほしいと思っている。それが本書を翻訳したいと思った理由でもある。二〇二〇年度からスタートした新しい学習指導要領のキー概念の一つは、「主体的・対話的で深い学び」である。今回の改定では、「『主体的・対話的で深い学び』（アクティブ・ラーニング）の視点から『何を学ぶか』だけでなく『どのように学ぶか』も重視して授業を改善します」（文部科学省）と問いかけており、学ぶ内容ではなく、学ぶ方法を変革しようとしたことは画期的なことだと言える。

しかし、現状は難航しているようだ。話し合いを取り入れたり、探究的な活動を取り入れたりとさまざまな方法が試されているが、知識詰め込み中心の学習から脱却できていないようだ。児童・生徒たちが、夢中になれる授業はどのようにつくればいいのだろうか。本書は、ジャーナリストから教師に転じたマーサ・ラッシが、旧来の教え方を打破し、生徒たちが夢中になって学ぶことのできる授業づくりついて探究した実践記録である。

本書で紹介されている事例は、原著者が指導していた高校の政治経済、歴史、ジャーナリズムに留まらず、理科、数学、国語など多くの教科に及び、教科統合的な授業づくりへのヒントも数多く散りばめられている。また、生徒の主体性や意欲を引き出そうとする手法や考え方は、校種を問わず応用可能なものばかりである。小中学校は言うに及ばず、長らくアンタッチャブルに近かった大学においても有用である。あらゆる校種、あらゆる教科において、主体的、対話的で深い学びを実現するためのエッセンスがちりばめられた一冊と言える。

筆者が試行錯誤する様子や内面の変化も率直に開示しながら、生徒たちの変容や成長の様子が生き生きと描かれている。そして、全編を通して感じられるのが、教育に対する真摯な姿勢である。児童・生徒の真の成長を願い続ける筆者の情熱に心打たれる。本書が、新しい授業づくりの道標となると確信している。

邦訳書では、「まえがき（Introduction: Boredom is a barrier）」に代えて、「あとがき（Afterword）」を巻頭に掲載することにした。この「あとがき」では、著者マーサ・ラッシが自分自身の教師としての実践を振り返っている。翻訳をすすめるうち、本書を日本の読者に紹介するうえでは、ここから読みはじめていただいたほうが作者の問題意識が明確になるのではないかと考えたからである。

また、ディスカションとディベートを扱った章は、二〇二一年に出版する予定となっている本（『「学習会話」を育てる』ジェフ・ズウェース／北川雅浩ほか訳、新評論、二〇二一年刊行予定）がこのテーマを一冊で扱っているので割愛することにした。それ以外にも、紙幅との関係で部分的に割愛したところがあることをお断りしておく。

最後に、下訳段階で、貴重なフィードバックと感想をいただいた山﨑功子、谷川真紀、山﨑亜矢、吉沢郁生、小坂敦子、大木理恵子、金井達亮、古賀裕也、佐野和之、眞田章子の各氏に心から感謝申し上げたい。これまで、ずっと共に学んできた良き仲間たちである。また、本書の出版を実現してくださった株式会社新評論の武市一幸氏にお礼を申し上げる。

二〇二〇年九月

訳者を代表して　長﨑政浩

訳注で紹介した本の一覧

・アトウェル、ナンシー／小坂敦子ほか訳『イン・ザ・ミドル』三省堂、2018年
・ウイギンズ、アレキシス／吉田新一郎訳『最高の授業』新評論、2018年
・サックシュタイン、スター／高瀬裕人ほか訳『成績をハックする』新評論、2018年
・スペンサー、ジョンほか／吉田新一郎訳『あなたの授業が子どもと世界を変える』新評論、2020年
・チェインバリン、アダムほか／福田スティーブほか訳『挫折ポイント（仮題）』新評論、2021年
・トープ、リンダほか／伊藤通子ほか訳『PBL―学びの可能性を拓く授業づくり』北大路書房、2017年
・ピアス、チャールズ／門倉正美ほか訳『だれもが〈科学者〉になれる！』新評論、2020年
・フィッシャー、サイモンほか／国際理解教育センター編訳『ワールド・スタディーズ』国際理解教育センター直販、1991年
・フレイレ、パウロ／三砂ちづる訳『被抑圧者の教育学』亜紀書房、2011年
・ボス、スーズィーほか／池田匡史ほか訳『プロジェクト学習を学ぶ（仮題）』新評論、2021年
・ホーソーン、ナサニエル／鈴木重吉訳『緋文字』新潮文庫、1957年
・ホルズワイス、クリスティーナほか／松田ユリ子ほか訳『学校図書館をハックする』新評論、2021年刊行予定
・メイソン、ジョンほか／吉田新一郎訳『教科書では学べない数学的思考』新評論、2019年
・吉田新一郎『効果10倍の〈教える〉技術』PHP 新書、2006年
・リー、デイヴィッド／門倉正美ほか訳『デザイン思考で学ぶ（仮題）』新評論、2021年

⑽ Tanner, Michael L., and Leah Casados. 1998. "Promoting and Studying Discussions in Math Classes." *Journal of Adolescent and Adult Literacy* 41 (5): 342–350.

⑽ Tillotson, Taylor E., and Judith Puncochar. 2014. "Short Duration Campaign Simulation Increases High School Students' Civic Engagement Skills and Knowledge." Roundtable presentation at the American Educational Research Association's 2014 Annual Meeting, Philadelphia, PA.

⑽ Toshalis, Eric. 2015. *Make Me! Understanding and Engaging Student Resistance in School*. Cambridge, MA: Harvard Education Press. 参照箇所は p79。

⑽ Tze, Virginia M. C., Lia M. Daniels, and Robert M. Klassen. 2016. "Evaluating the Relationship Between Boredom and Academic Outcomes: A Meta-analysis." *Educational Psychology Review* 28 (1): 119–144.

⑽ Vansteenkiste, Maarten, and Edward L. Deci. 2003. "Competitively Contingent Rewards and Intrinsic Motivation: Can Losers Remain Motivated?" *Motivation and Emotion* 27 (4): 273–299.

⑽ Villar, Luis et al. 2015. "Efficacy of a Tetravalent Dengue Vaccine in Children in Latin America." *New England Journal of Medicine* 372 (2): 113–123. doi:10.1045/nejmoa1411037.

⑽ Werhan, Carol R. 2006. "Family and Consumer Sciences Secondary School Programs: National Survey Shows Continued Demand for FCS Teachers." *Journal of Family & Consumer Sciences* 98 (1): 19–25. 参照箇所は p22。

⑽ Wiggins, Grant. 2009. "Real-World Writing: Making Audience and Purpose Matter." *English Journal* 98 (5): 29–37. http://www.ncte.org/library/NCTEFiles/Resources/Journals/EJ/0985-may09/EJ0985Focus.pdf.

⑾ ———. 2014. "Fixing the High School—Student Survey, Part 1." *Granted, and . . . Thoughts on Education.* Blog entry, May 21. https://grantwiggins.wordpress.com/2014/05/21/fixing-the-high-school/.

⑾ Wilson, Edward O. 2002. "The Power of Story." *American Educator* (Spring): 8–11.

⑾ Wong, Kenson Kin Hang, and Jeffrey Richard Day. 2008. "A Comparative Study of Problem-Based and Lecture-Based Learning in Junior Secondary School Science." *Research in Science Education* 39 (5): 625–42. doi:10.1007/s11165-008-9096-7.

⑾ Zusak, Markus. 2007. *The Book Thief.* New York: Alfred A. Knopf.（『本泥棒』マークース・ズーサック／入江真佐子訳、早川書房、2007年）

91 Ruenzel, David. 2002. "Making Themselves Heard." *Teacher Magazine* 13(7): 24–30. ERIC.

92 Savery, John R. 2006. "Overview of Problem-Based Learning: Definitions and Distinctions." *Interdisciplinary Journal of Problem-Based Learning* 1 (1): 9–20. http://dx.doi.org/10.7771/1541-5015.1002.

93 Saye, John, and Social Studies Inquiry Research Collaborative. 2013. "Authentic Pedagogy: Its Presence in Social Studies Classrooms and Relationship to Student Performance on State-Mandated Tests." *Theory & Research in Social Education* 41 (1): 89–132. doi:10.1080/00933104.2013.756785.

94 Schank, Roger C., and Robert P. Abelson. 1995. "Knowledge and Memory: The Real Story." In *Knowledge and Memory: The Real Story*, ed. Robert S. Wyer, Jr. Hillsdale, NJ: Lawrence Erlbaum Associates, 1–85. http://cogprints.org/636/1/KnowledgeMemory_SchankAbelson_d.html.

95 Schwartz, Daniel L., and John D. Bransford. 1998. "A Time for Telling." *Cognition and Instruction* 16 (4): 475–522. http://eric.ed.gov/?id=EJ582423.

96 Schettino, Carmel. 2016. "Aspects of Problem-Based Teaching." NCTM blog entry, September 26. nctm.org. http://www.nctm.org/Publications/Mathematics-Teacher/Blog/Aspects-of-Problem-Based-Teaching/.

97 Shuster, Kate. 2009. "Civil Discourse in the Classroom." Teaching Tolerance: A Project of the Southern Poverty Law Center. http://www.tolerance.org/sites/default/files/general/TT_Civil%20Discourse_whtppr_0.pdf.

98 Snyder, Kristen M., and Karen Cooper. 2015. "Innovating Schools Through Dialog Arts-Based Practice: Ingredients for Engaging Students with a Whole New Mind." *Journal for Learning Through the Arts* 11 (1): 2–17. http://escholarship.org/uc/item/1vd3k1qh.

99 Strobel, Johannes, and Angela Van Barneveld. 2009. "When Is PBL More Effective? A Meta-synthesis of Meta-analyses Comparing PBL to Conventional Classrooms." *Interdisciplinary Journal of Problem-Based Learning* 3 (1): 44–58. doi:10.7771/1541-5015.1046. 参照箇所は p55。

100 Stuart, John, and R. J. Rutherford. 1978. "Medical Student Concentration During Lectures." *The Lancet* 312 (8088): 514–516.

101 Sunyoung, Han, Robert Capraro, and Mary Margaret Capraro. 2015. "How Science, Technology, Engineering, and Mathematics (STEM) Project-Based Learning (PBL) Affects High, Middle, and Low Achievers Differently: The Impact of Student Factors on Achievement." *International Journal of Science and Mathematics Education* 13: 1089–1113.

⑰ National Association of Independent Schools (NAIS). 2015. *2014 NAIS Report on the High School Survey of Student Engagement*. Report. Bloomington, IN: NAIS.

⑱ Newkirk, Thomas. 2014. *Minds Made for Stories: How We Really Read and Write Informational and Persuasive Texts*. Portsmouth, NH: Heinemann.

⑲ Oakes, Jeannie. 1986. "Keeping Track, Part 1: The Policy and Practice of Curriculum Inequality." *Phi Delta Kappan* 68 (1): 12. https://eric.ed.gov/?id=EJ341127.

⑳ Ozturk, Elif, and Ucus, Sukran. 2015. "Nature of Science Lessons, Argumentation and Scientific Discussions Among Students in Science Cass: A Case Study in a Successful School." *Journal of Education in Science, Environment and Health (JESEH)* 1 (2): 102–110.

㉑ Perkins, David N. 2008. *Making Learning Whole: How Seven Principles of Teaching Can Transform Education*. San Francisco, CA: Jossey-Bass.

㉒ Petermann, Kassie. 2016. "Irondale Robotics Team Heading to World Championship." *Sun Focus*, March 27. http://focus.mnsun.com/2016/03/27/irondale-robotics-team-heading-to-world-championship/. 参照箇所は p26。

㉓ Pimentel, Diane Silva. 2012. "Secondary Science Teachers' and Students' Beliefs About Engaging in Whole-Class Discussions." PhD diss., Boston College. https://dlib.bc.edu/islandora/object/bc-ir:101879/datastream/PDF/view.

㉔ Pink, Daniel H. 2012. *Drive: The Surprising Truth About What Motivates Us*. New York: Riverhead Books.

㉕ Porter, Bernajean. 2016. "Applied Storytelling: Whoever Tells the Best Stories Rules the World." Lecture, JourneyEd Midwest Conference, Roseville, MN, October 5.

㉖ Reeve, Johnmarshall, and Edward L. Deci. 1996. "Elements of the Competitive Situation That Affect Intrinsic Motivation." *Personality and Social Psychology Bulletin* 22 (1): 24–33. doi:10.1177/0146167296221003.

㉗ Reeve, Johnmarshall, Bradley C. Olson, and Steven G. Cole. 1985. "Motivation and Performance: Two Consequences of Winning and Losing in Competition." *Motivation and Emotion* 9 (3): 291–298. doi:10.1007/bf00991833.

㉘ Ridlon, Candice L. 2009. "Learning Mathematics via a Problem-Centered Approach: A Two-Year Study." *Mathematical Thinking and Learning* 11 (4): 188–225. doi:10.1080/10986060903225614.

㉙ Roehling, Patricia Vincent, Thomas Lee Vander Kooi, Stephanie Dykema, Brooke Quisenberry, and Chelsea Vandlen. 2010. "Engaging the Millennial Generation in Class Discussions." *College Teaching* 59 (1): 1–6. doi:10.1080/87567555.2010.484035.

㉚ Roney, Craig. 1996. "Storytelling in the Classroom: Some Theoretical Thoughts." *Storytelling World* 9: 7–9.

⑥⑤ Lin, Alex Romeo, Joshua Fahey Lawrence, and Catherine Elizabeth Snow. 2015. "Teaching Urban Youth About Controversial Issues: Pathways to Becoming Active and Informed Citizens." *Citizenship, Social & Economics Education* 14 (2): 103–119. doi:10.1177/2047173415600606.

⑥⑥ Liston, Delores D. 1994. *Storytelling and Narrative: A Neurophilosophical Perspective*. https://eric.ed.gov/?q=ED372092.

⑥⑦ Little, Timothy W. 2015. "Effects of Digital Game-Based Learning on Student Engagement and Academic Achievement." Order No. 3721273, Lamar University, Beaumont, Texas. Available from ProQuest Dissertations & Theses A&I. (1727140644).

⑥⑧ Mac Iver, Martha Abele, and Douglas J. Mac Iver. 2014. *If We Build It, We Will Come: Impacts of a Summer Robotics Program on Regular Year Attendance in Middle School*. Issue brief. Baltimore: BERC.

⑥⑨ Macklem, Gayle. 2015. *Boredom in the Classroom: Addressing Student Motivation, Self-Regulation, and Engagement in Learning*. Cham, Switzerland: Springer International.

⑦⓪ Maller, Nicole H. 2013. *Diagnosis for Classroom Success: Making Anatomy and Physiology Come Alive*. Arlington, VA: NSTA Press, National Science Teachers Association.

⑦① Matsuda, Noboru, Evelyn Yarzebinski, Victoria Keiser, Rohan Raizada, Gabriel J. Stylianides, and Kenneth R. Koedinger. 2013. "Studying the Effect of a Competitive Game Show in a Learning by Teaching Environment." *International Journal of Artificial Intelligence in Education* 23 (1–4): 1–21. doi:10.1007/s40593-013-0009-1.

⑦② McAvoy, Paula, and Diana Hess. 2014. "Debates and Conversations: From the Ground Up." *Educational Leadership* (November): 48–53.

⑦③ McDonald, Jason K. 2009. "Imaginative Instruction: What Master Storytellers Can Teach Instructional Designers." *Educational Media International* 46 (2): 111–122. doi:10.1080/09523980902933318.

⑦④ Morgan, Wendy, and Glenn Beaumont. 2003. "A Dialogic Approach to Argumentation: Using a Chat Room to Develop Early Adolescent Students' Argumentative Writing." *International Reading Association* 47 (October): 146–157.

⑦⑤ Morrison, Judith, Amy Roth Mcduffie, and Brian French. 2015. "Identifying Key Components of Teaching and Learning in a STEM School." *School Science and Mathematics* 115 (5): 244–255. doi:10.1111/ssm.12126.

⑦⑥ Nash, Troy R. 2008. "Osmosis Is Serious Business!" National Center for Case Study Teaching in Science, December 15. http://sciencecases.lib.buffalo.edu/cs/collection/detail.asp?case_id=283&id=283.

52 Kane, Thomas, and Douglas Staiger. 2012. “Gathering Feedback for Teaching: Combining High-Quality Observations with Student Surveys and Achievement Gains.” Bill & Melinda Gates Foundation. Retrieved from http://www. metproject. org.

53 Kantrov, Ilene. 2015. “New CTE Model Is a Plus for Schools and Students.” *Phi Delta Kappan* 96 (6): 27–32. doi:10.1177/0031721715575296.

54 Karpiak, Irene E. 2013. “The Weir: Storytelling That Transforms.” *Canadian Journal of University Continuing Education CJUCE* 34 (1): 81–94. http://dx.doi. org/10.21225/d5dw2j.

55 Kaya, Osman Nafiz, and Jazlin Ebenezer. 2007. *High School Students' Affective Dispositions in Science: Scientific Inquiry with Information Technologies*. Presented at American Educational Research Annual Meeting, 2007. https://eric.ed.gov-/?id=ED500737.

56 King, M. Bruce, Fred M. Newmann, and Dana L. Carmichael. 2009. “Authentic Intellectual Work: Common Standards for Teaching Social Studies.” *Social Education* 73 (1): 43–49.

57 Kipp-Newbold, Rebecca. 2010. “That's Fierce! Collaboration in the English Classroom.” *The English Journal* 99 (5): 74–78. http://www.jstor.org/ stable/10.2307/27807196?ref=search-gateway:b4e46a3a5b523470a3f8d-f80c0adc2e3.

58 Koerth-Baker, Maggie. 2016. “Boredom Gets Interesting.” *Nature* 529 (January 14): 146–148. 引用は p147および p148。

59 Kohn, Alfie. 1986. *No Contest: The Case Against Competition*. Boston: Houghton Mifflin.（『競争社会をこえて――ノー・コンテストの時代』アルフィ・コーン／山本啓ほか訳、法政大学出版局、1994年）

60 ———. 1987. “The Case Against Competition.” *Working Mother* (September). http:// www.alfiekohn.org/article/case-competition/.

61 Kosa, Jaymie Reeber. 2008. “Tell a Story.” *Education Digest: Essential Readings Condensed for Quick Review* 74 (2): 43–47. http://eric.ed.gov/?id=EJ888594.

62 Ledford, Heidi. 2014. “We Dislike Being Alone with Our Thoughts.” *Nature*, July 03. http://www.nature.com/news/we-dislike-being-alone-with-our-thoughts-1.15508. doi:10.1038/nature.2014.15508.

63 Lemov, Doug. 2010. *Teach Like a Champion: 49 Techniques That Put Students on the Path to College*. San Francisco: Jossey-Bass.

64 Lemus, Judith D., Kristina Bishop, and Howard Walters. “Quikscience: Effective Linkage of Competitive, Cooperative, and Service Learning in Science Education.” *American Secondary Education* 38 (3): 40–61.

㊴ Fuller, Renee. 1991. "The Primacy of Story." *In Context* 27 (Winter): 26–28. ERIC [EBSCO]. https://eric.ed.gov/?q=The+Primacy+of+Story&ft=on&id=ED354691.

㊵ Gallagher, Shelagh A., and James J. Gallagher. 2013. "Using Problem-Based Learning to Explore Unseen Academic Potential." *Interdisciplinary Journal of Problem-Based Learning* 7 (1): 111–131. doi:10.7771/1541-5015.1322.

㊶ Gjedde, Lisa. 2014. "Potentials of a Narrative Game-Based Curriculum Framework for Enhancing Motivation and Collaboration." Academic Conferences International Limited, 10. http://vbn.aau.dk/en/publications/potentials-of-a-narrative-game-based-curriculum-framework-for-enhancing-motivation-and-collaboration(5de385a5-e530-49c2-b9a0-bf016df0e554)/export.html.

㊷ González, Gloriana, and Anna F. DeJarnette. 2013. "Geometric Reasoning About a Circle Problem." *The Mathematics Teacher* 106 (8): 586–591.doi:10.5951/mathteacher.106.8.0586. 引用は p588。

㊸ Graves, Elizabeth A. 2008. "Is Role-Playing an Effective Teaching Method?" Unpublished master's thesis. Ohio University.

㊹ Gredler, Margaret E., and David H. Jonassen, eds. 2004. "Games and Simulations and Their Relationships to Learning." In *Handbook of Research on Educational Communications and Technology*, 2nd ed., ed. Margaret E. Gredler and David H. Jonassen, 571–581. Mahwah, NJ: Lawrence Erlbaum Associates.

㊺ Hake, Richard R. 1998. "Interactive-Engagement Versus Traditional Methods: A Six-Thousand-Student Survey of Mechanics Test Data for Introductory Physics Courses." *American Journal of Physics* 66 (1): 64. doi:10.1119/1.18809.

㊻ Herreid, Clyde Freedman. 2005. "Using Case Studies to Teach Science." ActionBioscience. http://www.actionbioscience.org/education/herreid.html.

㊼ *High School Economics*. 2014. 3rd ed. New York: Council for Economic Education.

㊽ Hokanson, Brad, and Robert Fraher. 2008. "Narrative Structure, Myth and Cognition for Instructional Design." *Educational Technology* January/February: 27–31.

㊾ Honey, Margaret, and Margaret L. Hilton. 2011. *Learning Science Through Computer Games and Simulations*. Washington, DC: National Academies Press.

㊿ Isgitt, Jennifer, and Quentin Donnellan. 2014. "Discussion-Based Problem Solving: An English-Calculus Collaboration Emphasizes Cross-Curricular Thinking Skills." *English Journal* 103.3 (January): 80–86.

51 Jonassen, David H., and Woel Hung. 2008. "All Problems Are Not Equal: Implications for Problem-Based Learning." *Interdisciplinary Journal of Problem-Based Learning* 2 (2): 6–28. http://dx.doi.org/10.7771/1541-5015.1080.

㉕ Corso, Michael, Matthew Bundick, Russell Quaglia, and Dawn Haywood. 2013. "Where Student, Teacher, and Content Meet: Student Engagement in the Secondary School Classroom." *American Secondary Education* 41 (3): 50–61.

㉖ Crookall, David. 2010. "Serious Games, Debriefing, and Simulation/ Gaming as a Discipline." *Simulation & Gaming* 41 (6): 898–920. doi:10.1177/1046878110390784.

㉗ ———. 2014. "Engaging (in) Gameplay and (in) Debriefing." *Simulation & Gaming* 45 (4–5): 416–427. doi:10.1177/1046878114559879.

㉘ Csikszentmihalyi, Mihaly. 2009. *Flow: The Psychology of Optimal Experience*. New York: Harper Row.（『フロー体験――喜びの現象学』M. チクセントミハイ／今村浩明訳、世界思想社、1996年）

㉙ Dallimore, Elise J., Julie H. Hertenstein, and Marjorie B. Platt. 2012. "Impact of Cold-Calling on Student Voluntary Participation." *Journal of Management Education* 37 (3): 305–341. doi:10.1177/1052562912446067.

㉚ Duke, Charles R. 1988. "Giving the Competitive Edge to Students' Academic Achievement." *NASSP Bulletin* 72 (507): 1–7. doi:10.1177/019263658807250702.

㉛ Eastwood, John. 2014. "What Is Boredom?" www.boredomlab.org.

㉜ Ertmer, Peggy A., Sarah Schlosser, Kari Clase, and Omolola Adedokun. 2014. "The Grand Challenge: Helping Teachers Learn/Teach Cutting-Edge Science via a PBL Approach." *Interdisciplinary Journal of Problem-Based Learning* 8 (1). doi:10.7771/1541-5015.1407.

㉝ Ertmer, Peggy A., and Krista D. Simons. 2006. "Jumping the PBL Implementation Hurdle: Supporting the Efforts of K–12 Teachers." *Interdisciplinary Journal of Problem-Based Learning* 1 (1): 40–54. doi: 10.7771/1541-5015.1005.

㉞ Fine, Sarah. "A Slow Revolution: Toward a Theory of Intellectual Playfulness in High School Classrooms." 2014. *Harvard Educational Review* 84 (1): 1–23. doi:10.17763/haer.84.1.qtr193464843n334.

㉟ Firmin, Michael W., Aaron Vaughn, and Amanda Dye. 2007. "Using Debate to Maximize Learning Potential: A Case Study." *Journal of College Teaching & Learning (TLC)* 4 (1): 19–32. doi:10.19030/

tlc.v4i1.1635.

㊱ Fisher, Douglas. 2009. "The Use of Instructional Time in the Typical High School Classroom." *The Educational Forum* 73 (2): 168–176. doi:10.1080/00131720902739650.

㊲ *For Which It Stands: Flag-Burning and the First Amendment*. 1992. VHS. Alexandria, VA: Close-Up.

㊳ Frank, Anne. *The Diary of a Young Girl*. New York: Pocket Books, 1990.（『アンネの日記』アンネ・フランク／深町眞理子訳、文藝春秋、1986年）

⑪ Bernstein, Jeffrey L., and Deborah S. Meizlish. 2003. “Becoming Congress: A Longitudinal Study of the Civic Engagement Implications of a Classroom Simulation.” *Simulation & Gaming* 34 (2): 198–219. Doi:10.1177/10468781030340 02003.

⑫ Bernstein-Yamashiro, Beth. 2004. “Learning Relationships: Teacher-Student Connections, Learning, and Identity in High School.” *New Directions for Youth Development* 103: 55–70. doi:10.1002/yd.91. 参照箇所は p56と p58。

⑬ Blackmon, Stephanie J. 2012. “Outcomes of Chat and Discussion Board Use in Online Learning: A Research Synthesis.” *Journal of Educators Online* 9 (2): 19.

⑭ Bridgeland, John, John DiIulio, and Karen Morison. 2006. *The Silent Epidemic: Perspectives of High School Dropouts*. Report. https://docs.gatesfoundation.org/documents/thesilentepidemic3-06final.pdf.

⑮ Bridgeland, John, Mary Bruce, and Arya Hariharan. 2013. *The Missing Piece: A National Teacher Survey on How Social and Emotional Learning Can Empower Children and Transform Schools.* A report for CASEL. http://www.civicenterprises.net/MediaLibrary/Docs/CASEL-Report-low-res-FINAL.pdf.

⑯ Brockway, Anna. 2007. “‘Significant Arrest’ Raises Questions About MV Drug Use.” *Viewer* 54 (5): 1.

⑰ Brown, Peter C., Henry L. Roediger, and Mark A. McDaniel. 2014. *Make It Stick: The Science of Successful Learning*. Cambridge, MA: Belknap Press of Harvard University Press. 参照箇所は p226。（『使える脳の鍛え方――成功する学習の科学』ピーター・ブラウンほか／依田卓巳訳、NTT 出版、2016年）

⑱ Capaldi, Nicholas. 1999. *How to Win Every Argument*. New York: MJF Books.

⑲ Carr, Nicholas G. 2010. *The Shallows: What the Internet Is Doing to Our Brains*. New York: W. W. Norton.（『ネット・バカ――インターネットがわたしたちの脳にしていること』ニコラス・G・カー／篠儀直子訳、青土社、2010年）

⑳ Chicago-Kent College of Law at Illinois Tech. 1989. “Texas v. Johnson.” Oyez. https://www.oyez.org/cases/1988/88-155.

㉑ *The Choices Program*. 2008–2009. Providence, RI: Watson Center for International Studies, Brown University. http://www.choices.edu/resources/documents/resourcebook_09.pdf

㉒ Chorzempa, Barbara Fink, and Laurie Lapidus. 2009. “To Find Yourself, Think for Yourself.” *TEACHING Exceptional Children* 41 (3): 54–59. doi:10.1177/004005990904100306.

㉓ Chowning, Jeanne T. 2009. “Socratic Seminars in Science Class: Providing a Structured Format to Promote Dialogue and Understanding.” *The Science Teacher* 26 (October): 36–41. doi:130.91.116.161.

㉔ Chung, C. J. C., Christopher Cartwright, and Matthew Cole. 2014. “Assessing the Impact of an Autonomous Robotics Competition for STEM Education.” *Journal of STEM Education: Innovations and Research* 15 (2): 24–34.

参考文献一覧

① Abbeduto, Leonard, and Frank Symons. 2009. *Taking Sides: Clashing Views on Controversial Issues in Educational Psychology*. New York: McGraw-Hill.

② Abernathy, Tammy V., and Richard N. Vineyard. 2001. "Academic Competitions in Science." *Clearing House* 74 (May/June): 269–276. ERIC [EBSCO].

③ Akpinar, Murat, Cristina Del Campo, and Enes Eryarsoy. 2014. "Learning Effects of an International Group Competition Project." *Innovations in Education and Teaching International* 52 (2): 160–171. doi:10.1080/14703297.2014.880656.

④ Alayont, Feryal. 2014. "Using Problem-Based Pre-Class Activities to Prepare Students for In-Class Learning." *PRIMUS* 24 (2): 138–148. doi: 10.1080/10511970.2013.844510.

⑤ Applebee, Arthur N., Judith A. Langer, Martin Nystrand, and Adam Gamoran. 2003. "Discussion-Based Approaches to Developing Understanding: Classroom Instruction and Student Performance in Middle and High School English." *American Educational Research Journal* 40 (3): 685–730.

⑥ Ariely, Dan. 2010. *The Upside of Irrationality: The Unexpected Benefits of Defying Logic at Work and at Home*. New York: Harper.

⑦ Auman, Corinne. 2011. "Using Simulation Games to Increase Student and Instructor Engagement." *College Teaching* 59 (4): 154–161. doi: 10.1080/87567555.2011.602134.

⑧ Bench, Shane W., and Heather C. Lench. 2013. "On the Function of Boredom." *Behavioral Science* 3 (August 15): 459–472. doi:10.3390/bs3030459.

⑨ Benke, Gertraud. 2012. "Robotics Competitions and Science Classrooms." *Cultural Studies of Science Education* 7 (2): 416–423. doi:10.1007/s11422-012-9400-8.

⑩ Bennett, Ty. 2014. *The Power of Storytelling: The Art of Influential Communication*. American Fork, UT: Sound Concepts.

訳者紹介

長﨑政浩（ながさき・まさひろ）

高知工科大学教授。専門は英語教育。高校教諭、県教委事務局勤務を経て現職。学生時代から今の学校教育に疑問をもち、学ぶ楽しさや醍醐味を実感できる授業とはどのようなものか考えてきた。新しい英語の授業づくりや教師が成長するための方法の開発に関心をもつ。現職の教員と、様々な研究プロジェクトを行い、共に学び続けることがライフワーク。

吉田新一郎（よしだ・しんいちろう）

本書で紹介している五つの方法以外に、ワークショップ・アプローチ（「作家の時間、オススメ図書紹介」で検索すると、本のリストが入手できます）も「主体的・対話的で、深い学び＝アクティブ・ラーニング」にとても効果的です。本書に関する質問や提案等の問い合わせは、pro.workshop@gmail.comにお願いします。

退屈な授業をぶっ飛ばせ！
——学びに熱中する教室——

2020年11月15日　初版第１刷発行

訳 者　長 﨑 政 浩
　　　　吉 田 新 一 郎

発行者　武 市 一 幸

発行所　株式会社 新 評 論

〒169-0051
東京都新宿区西早稲田３-16-28
http://www.shinhyoron.co.jp

電話　03(3202)7391
FAX　03(3202)5832
振替・00160-1-113487

落丁・乱丁はお取り替えします。
定価はカバーに表示してあります。

印刷　フォレスト
装丁　山 田 英 春
製本　中永製本所

Printed in Japan
ISBN978-4-7948-1165-3